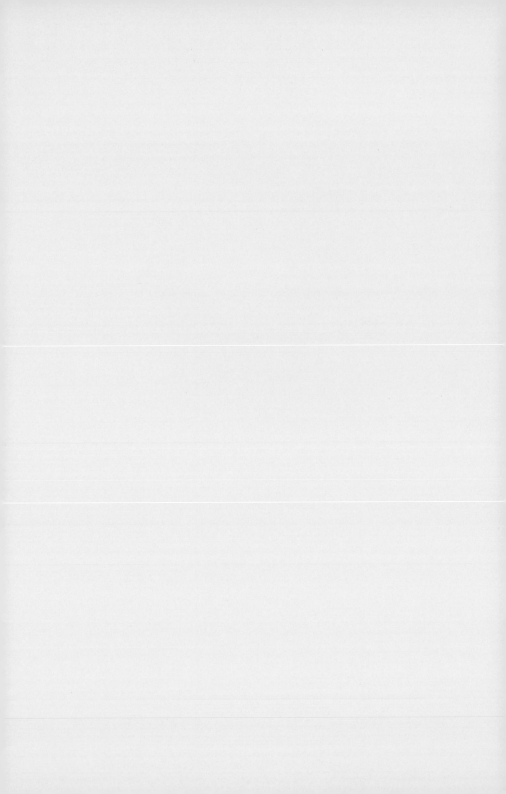

増補改訂版

東京モダン建築さんぽ

倉方俊輔 著　下村しのぶ 写真

X-Knowledge

Area-1

エリア1
丸の内・日比谷・新橋エリア

Column

Area-2

エリア2 渋谷・目黒エリア

Column

Area-3

エリア3 上野・皇居周辺エリア

エリア4 新宿・四谷・八王子エリア

Column

Area-4

Column

Area-5

エリア5 世田谷エリア

Column

表紙
目黒区総合庁舎／有楽町ビル

Staff
ブックデザイン
原田恵都子（Harada+Harada）
イラスト・地図
渡辺鉄平
編集
みよしみか
別府美絹（エクスナレッジ）
藤城明子（ポルタ）
協力
島田佳代子
印刷
シナノ印刷

Prologue

モダン建築への誘い

「モダン」とは「ちょうど今」の意

戦後の建築が鑑賞に値しないというのは、もう過去の話。第二次世界大戦後の建物もすでに8件が、国の重要文化財に指定されています。1959年に開館した国立西洋美術館本館は2016年、世界文化遺産に登録されました。

見るべき対象は、有名な建築家による建物だけではありません。団地やヴィンテージマンションが注目されています。BMCの『いいビルの写真集』は、街中の戦後ビルの魅力に目を開かせてくれました。磯達雄と宮沢洋の『モダン建築巡礼』は、マンガも交えて有名建築からそうでもないものまで楽しく紹介。拙著『ドコノモン』も、今まで語られていなかった「実は名建築」を拾い上げて、鑑賞の幅を広げたと言えるでしょう。

しかし、問題は、なぜおもしろいかの中心をわかりやすく紹介した本がまだ少ないことです。有名建築家だからエライ、のではない。当時の最新技術だったからスゴい、でもない。昭和だからシブい、も違う……。

第二次世界大戦後、1970年頃までの建築の核心は何か。それは「モダン」です。

「モダン（modern）」は、ラテン語の「ちょうど今」が由来。現在、例えば「昭和モダン建築」と「昭和レトロ建築」がほぼ同じ意味になるといった混乱した状況にありますが、それは忘れてください。本書で「モダン建築」と表記するのは、素直に「モダン（modern）」な建築。その「モダン」さにも、さまざまな種類があって、時代や設計者の特徴を映していることが伝わったらと思います。

「モダニズム建築」という言葉を聞いたことはありませんか？もし、あれば、本書で扱っているのは、ほぼその戦後編と捉えていただければ。

ただ、「モダニズム」は本来、「近代主義」を意味します。イズムと付いているとおり、主義主張の性格も帯びています。名詞です。従って、英語で「Modernism Architecture」とは言いません。表現としては「Modern Architecture」。

以前は、これを正しく「近代建築」と訳していました。ただ、1970年代から幕末以降の近代の建築のことを「近代建築」と表現するようになり、区別のために「モダニズム建築」という和製英語を皆が使うようになっていったのです。

ですが、本書ではできるだけシンプルに、主義主張ではなく、現象の中心を捉えたいと思います。そこで「モダン建築」という表現で統一することにしました。

安与ビル(P.168)

パレスサイドビルディング(P.122)

新有楽町ビル(P.26)

第二次世界大戦後に花開く、モダン建築

モダン建築が姿を現すのは、第二次世界大戦よりも前です。前書『東京レトロ建築さんぽ』では、今と異なるスタイルで「らしさ」を目指した建築を「レトロ建築」と定義しました。専門用語で「様式主義建築」と呼ぶ、そんな常識から抜け出そうという動きが、19世紀の終わり頃から目に見えるようになります。

1890年代、過去の様式を離れたアール・ヌーヴォーが一世を風靡。アメリカではフランク・ロイド・ライトが、従来の「らしさ」に縛られない住宅を作ります。「我々は起つ。過去建築圏より分離し」と宣言し、分離派建築会が日本で旗揚げしたのが1920年。1919年に開校したドイツのバウハウスは1920年代半ばには無装飾で機能的といったモダン・デザインの教育を鮮明にし、フランスのル・コルビュジエやドイツのミース・ファン・デル・ローエもこの頃から革新者として有名になります。1925年のパリ万博は別名アール・デコ博。機械的な美しさが、リッチな装飾の仲間入りを果たしたのでした。

それでも、第二次世界大戦の前か後かは、大きな区切りになります。戦争で破れたのは、復古主義や精神主義でした。残ったのは、国際主義や技術主義でした。モダンは戦前のアール・デコのような一部の贅沢品ではなく、戦後、民主主義的なものとみなされるようになります。

日本は特に、第二次世界大戦後にモダン建築が世界の標準となったという変化がわかりやすい国です。昭和の戦前に流行した、近代的なビルに瓦屋根を載せたような、いわゆる「帝冠様式」は、敗戦と同様に、誤りとして反省されます。そもそも様式に根ざした建築全般が時代遅れになります。洋館などは注文する華族自体が消滅。アメリカでも広く社会にモダン建築が受け入れられたのは戦後ですが、日本はそれに憧れて、懸命に後を追いかけます。戦後の日本は、モダン建築の優等生。直接的な和風デザインが禁じ手になったことで、モダンな中に日本情緒を漂わせる戦前からのやり方が花開き、丹下健三をはじめ国際的に通用する建築家が続々と誕生します。

戦前のレトロ建築の世界で、日本は受け取る側でした。逆に世界へと発信する建築は、モダンの時代に本格的に生まれます。その秘密を探ることのできる戦後の建築が、東京には密度高く存在しているのです。新しく歴史を作ろうとしたモダン建築の勘どころを、特徴的なデザインから説明しましょう。

モダン建築の見どころ

秀和青山レジデンス(P.78)

外部と内部をつなげる

内と外で壁や天井の素材が一緒で、それをガラス面でスパッと仕切った構成がモダン建築にはよく見られます。外側からの姿と部屋の形が対応していることもしばしば。モダン建築は、人の活動を内外を仕切る壁で封じ込めたくないと考えます。インテリアのイメージを作り込んでしまうことで、人の活動を限定したくないとも。だから、シンプルな操作で、壁により外側にできる空間も、内側にできる空間も同時によくなるように設計されています。

最小で最大効果

モダン建築は、一見するとシンプル。それは「昔からこうなっている」ということに頼らず、一本の線にも知恵を絞るものだから。でも、内外を一緒に味わうと、さまざまな気づかいが見えてきます。せり出した箱型が広い内部を確保する一方で、外側に軒下を作り出していたり、1つの部分がいくつもの効果を兼ねていたり。最小の手数で、上手な解答を競っているようで、楽しくなります。

ビラ・セレーナ(P.94)

見たこともない形

昔からのやり方に頼っていては、進歩はありません。それは「ちょうど今」が果たすべき責任を放棄していることになります。だから、モダン建築は、昔の建築を容易に想像させる外形や装飾を避けます。そのような考え方で、逃げ道を絶ったことで、それまでに見たこともない形が数多く生まれました。

カトリック東京カテドラル関口教会(P.164)

素材の素顔に語らせる

モダン建築は、表面を塗ったり貼ったりはあまりしません。素材そのものが持つ美しさに目覚めたのです。鉄は力強く、ガラスは透明で空間を引き立て、コンクリートは岩のようにも木肌のようにも感じられます。さらにタイル、アルミ、プレキャストコンクリートからアコヤ貝まで。素材の豊かさや手作りの味わいにほっとします。

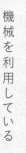

帝国劇場(P.34)

機械を利用している雰囲気に

モダン建築には、パターンを淡々と繰り返すクールさがよく見られます。窓や壁が上から下まで一緒。あるいは、上の方が重々しく見える「無重力感」も同じ美学です。物量や重力をものともしない、機械的な未来感を醸し出します。

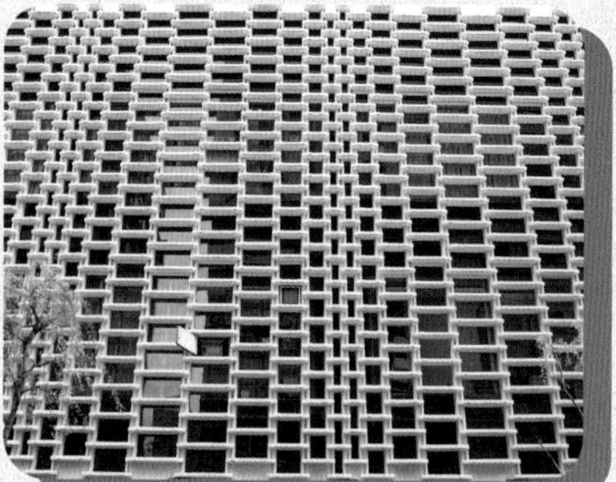

ニュー新橋ビル(P.20)

組み立て感を表現

モダン建築は、前述のとおり、手数は最小に、機械感をプラスして、構築的にできています。床や柱の構成など、どこがどうなっているのか可視化されているのが特徴です。「わかりやすさ」があって気持ちがいい。同時に、取り替えやリノベーションに向いています。

パレスサイドビルディング(P.122)

人の動きを感じさせる

モダン建築の中心にあるのは人間の活動です。人が動いたときに感じる空間性を大事にしています。手すりのデザインに凝るのも、その一環です。それを実感するには現地で動いてみる必要があります。モダン建築は身体的なのです。

東京日仏学院(P.144)

以上のようなモダン建築の勘どころを、本書では、写真家の下村しのぶさんに撮り下ろしていただきました。空間の健やかさに目を見張ります。構成の美しさにうっとりし、人が未来を切り拓いている感覚に勇気をもらえるはずです。

本書の写真だけでも、最近の建築との違いが感じられるでしょう。さらに、モダン建築は特に空間が重要。実際に訪れて、多くの発見をしてみてください。

今も愛されているものは、美しく、よくメンテナンスされ、生きて使われています。その時代を生きた人や作った人が浮かび上がります。それは今を生きることを活気づけます。再び建つことのない戦後の建築も、東京の大きな財産です。

さぁ、そろそろ、さんぽに出かけましょうか。

２０２４年３月
倉方俊輔

エリア5

世田谷エリア

1 駒沢オリンピック公園 体育館・管制塔
駒沢陸上競技場
2 ゆかり文化幼稚園
3 駒澤大学深沢キャンパス洋館
(旧・三越シルバーハウス)
4 満願寺

Modern Building
TOKYO MAP

東京モダン建築さんぽMAP

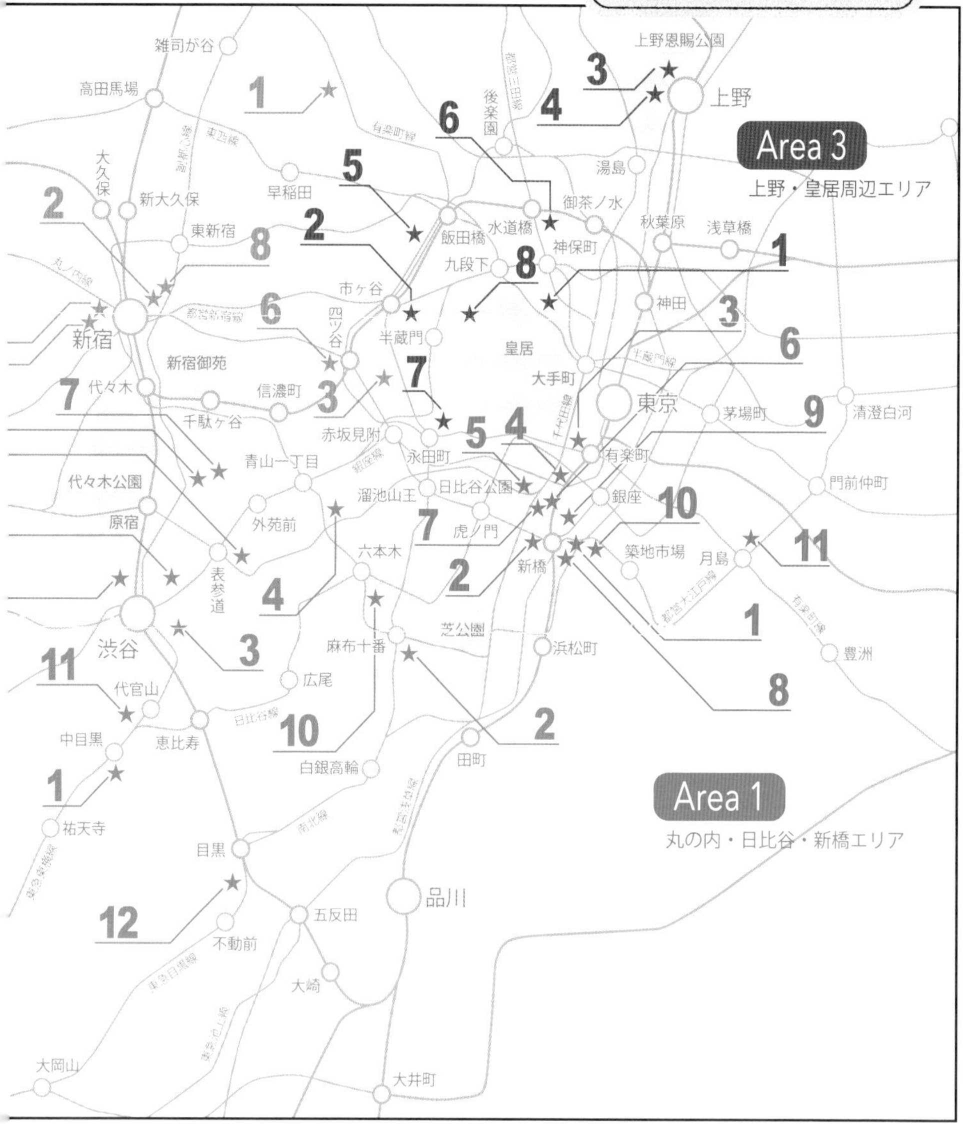

エリア1

丸の内・日比谷・新橋エリア

1 新橋駅前ビル 1・2号館
2 ニュー新橋ビル
3 三菱地所のビル
帝国劇場
4 日本生命日比谷ビル　日生劇場
5 千代田区立日比谷図書文化館
(旧・東京都立日比谷図書館)
6 NTT霞ヶ関ビル(旧・霞ヶ関電話局)
7 NTT日比谷ビル(旧・日比谷電電ビル)
8 ヤクルト本社ビル
9 静岡新聞・静岡放送東京支社ビル
10 中銀カプセルタワービル
11 カーサ相生

エリア2

渋谷・目黒エリア

1 目黒区総合庁舎(旧・千代田生命本社ビル)
2 東京さぬき倶楽部(旧・東京讃岐会館)
3 秀和青山レジデンス
4 乃木會館
5 日本基督教団東京山手教会
6 ビラ・ビアンカ
7 ビラ・セレーナ
8 ビラ・モデルナ
9 フロムファーストビル
10 国際文化会館
11 代官山ヒルサイドテラス
12 カトリック目黒教会(聖アンセルモ教会)

エリア3

上野・皇居周辺エリア

1 パレスサイドビルディング
2 宮崎県東京ビル
3 国立西洋美術館
4 東京文化会館
5 東京日仏学院
6 アテネ・フランセ
7 国立国会図書館
8 千鳥ケ淵戦没者墓苑

エリア4

新宿・四谷・八王子エリア

1 カトリック
東京カテドラル関口教会
2 安与ビル
3 麹町ダイビル
4 新宿西口広場
5 珈琲ロン
6 新宿住友ビル
7 大学セミナーハウス
8 紀伊國屋ビルディング

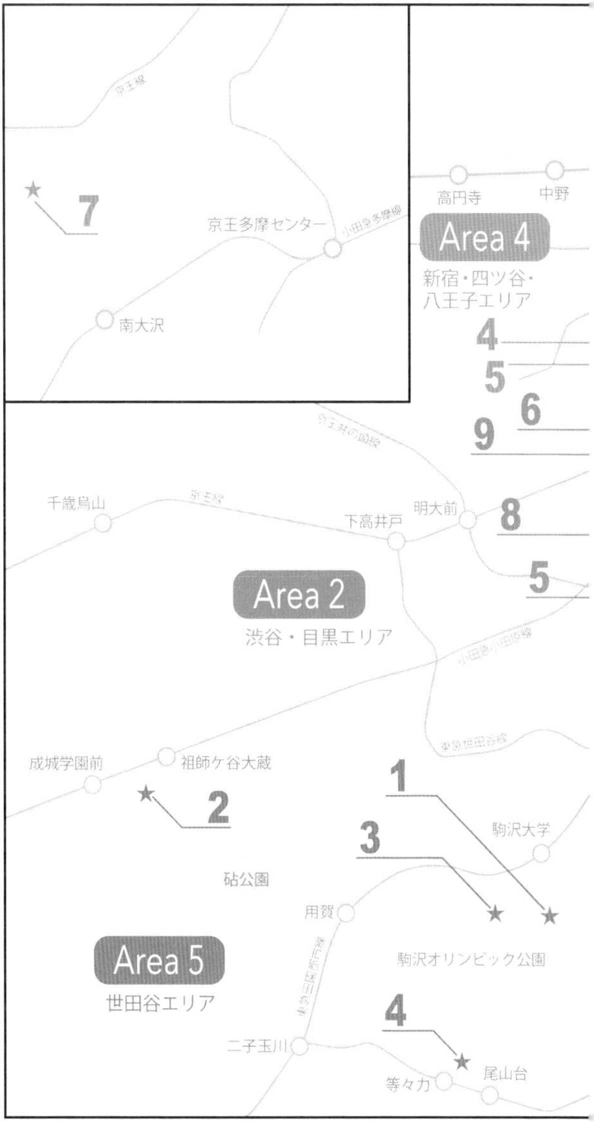

本書の見方

❶ 建物または施設の名称（カッコ内は旧称）と読み
❷ 竣工年　※増改築は大規模なものだけ記しています
❸ 設計者名と読み
❹ 構造、階数　※RC造は鉄筋コンクリート造、SRC造は鉄骨鉄筋コンクリート造、S造は鉄骨造を示します
❺ 所在地、最寄り駅
❻ 施設の営業時間、開館時間など

Attention!

注意

◎一般公開されている建物の許可された時間以外は、無断で敷地内に立ち入らないこと。公開日などが設けられている場合もあります。

◎敷地内や施設内での写真撮影・スケッチなどができない建物も多くあります。必ず現地でのルールに従ってください。

◎団体での見学や商業目的などの際には、事前に管理者に連絡のうえ、許可を得てから訪れてください。

◎その他、公共の場でのマナーを体現し、モダン建築さんぽの愛好家を増やしましょう。

◎本書に掲載した内容は、2024年3月現在のものです。公開時間や用途、外観や内装に変更が加わる可能性などもあります。あらかじめご確認ください。

Area-1

エリア1

丸の内·日比谷·新橋エリア

Marunouchi, Hibiya, Shinbashi

この凸凹感がたまらない

新橋駅前ビル
1·2号館
Shinbashi-ekimae Bldg.
No.1 & 2

1966

佐藤武夫
Takeo Sato

SRC造 12階、地下4階・地下3階

張り詰めた直線の組み合わせで、設計と施工の精度を表現。コの字断面のプロフィリットガラスが効いている。高度成長期の日本人がこう見られたいというイメージの表現が、今も新鮮だ。

ガラス張りの格子縞は理にかなって、かつ小粋

新橋といえば粋な場所。派手な格子縞のデザインには、そんな連想も働いたと設計者は完成時に述べています。昭和戦前に最盛期を迎えた新橋の花柳界を知る佐藤武夫らしい言葉です。

合理で割り切ろうとする強さと弱さがモダン建築の持ち味ですが、ここでは道路で分割された変形の敷地に対して、建物を2種のアルミ成型パネルの組み合わせで覆い尽くすという答えを提出しています。

表面的なファッションとは違います。これで工期が短縮され、法規的に必要な採光面や非常用進入口を取ることも容易になりました。合理的、工業的で幾何学的。ガラス張りのビルは高度成長期のモダン建築の条件を満たしています。その姿は、名解答に誇らしげな少年のよう。

とはいえ、それだけで割り切れるでしょうか。塔屋は彫塑を思わせます。よく見ると格子縞の下の1階部分は太い梁に似た形、最上階は細い縦桟と、構築感の高い三層構成です。格子縞にしたのは、薄っぺらではない凹凸感が欲しかったためと設計者は話しています。どれもモダン一辺倒というより、それ以前の建築にも通じる性質。鈍重でも軽薄でもない。深みのあるビルです。

佐藤は戦前の大隈講堂の共同設計者。揺れ動く人間を支えられる存在感を戦後も求めました。古くから人が行き交う駅前に似合うモダン、プラス何かを感じさせるビルです。

レタリングの味わい

いつの間にか出来合いの書体に囲まれた私たちの街は、かつてもっと肉体的な文字にあふれていた。ビルの文字は江戸時代の看板文字の系譜にあるかのよう。

●ACCESS
港区新橋2-20-15/2-21-1
JR、東京メトロ銀座線、都営浅草線、
ゆりかもめ「新橋」徒歩1分

●DATA
約120軒の飲食店、商店などが入っている。
営業時間は店舗による(日曜休館)。

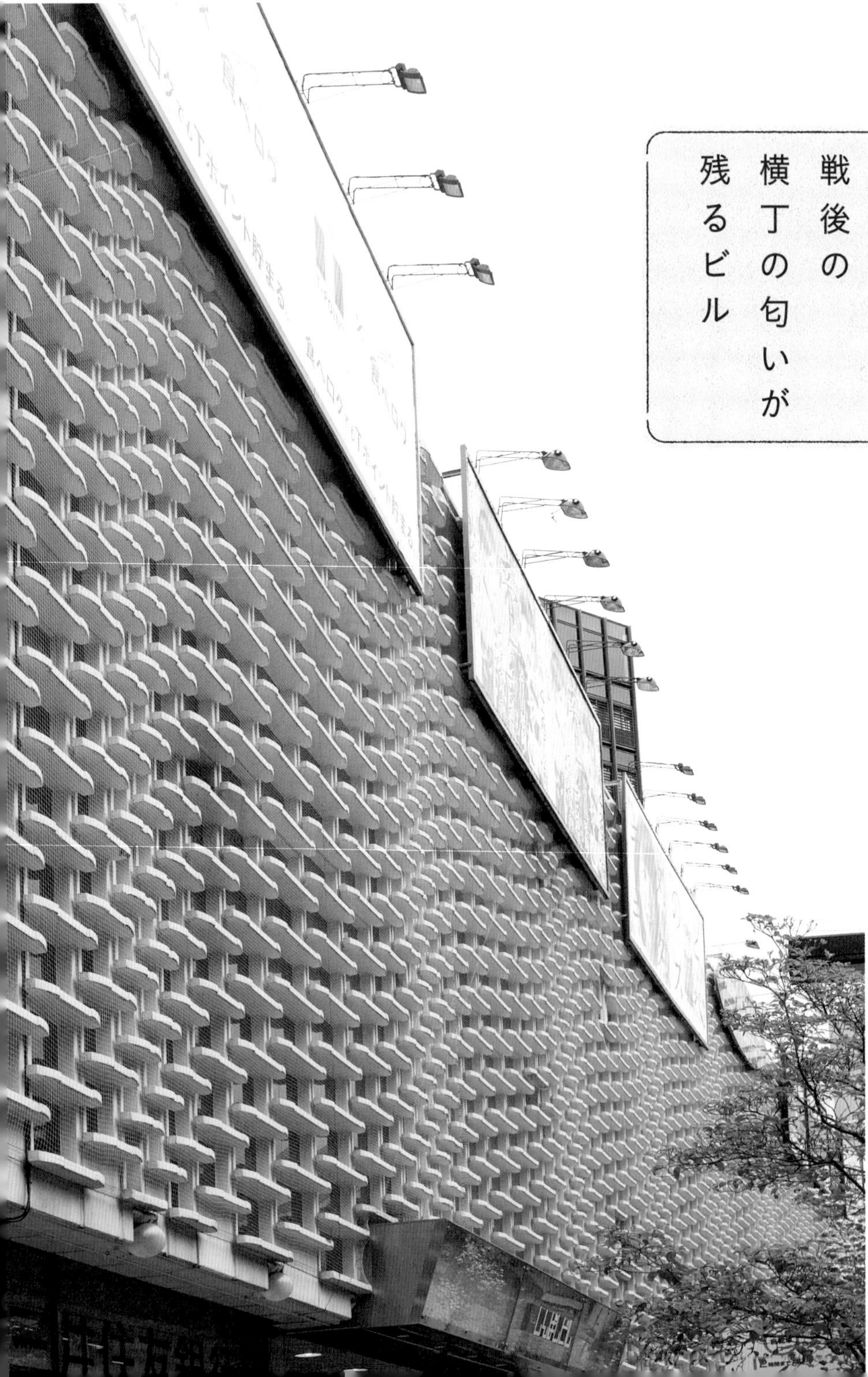

戦後の横丁の匂いが残るビル

あえて通路は狭く内装は雑多に。「一杯やりたい」気分を煽る

夜の盛り場にも映える建築は意外に少ないもの。でも、この再開発ビルは自然です。

終戦後、新橋駅西口には都内で最大規模の闇市が形成されました。その名残で、木造の建物が密集していました。万一火災でも起きたら危ない。それらを一掃し、鉄筋コンクリートのビルを建設します。希望者は優先的に入居できます。建設費は地下に駐車場、上部に住宅やオフィスを新たに設置し、その収益を充てます。そんな合理的な再開発計画で完成しました。

入り口が複数あり、内部を廊下で巡れます。これは入居した店舗の有利不利が出ないようにする工夫。天井の高さや廊下の幅が狭いのも、あまり立派過ぎると、仕事帰りに一杯立ち寄ろうという気分にならないと考えたため。色の異なるタイルが階段やエスカレーター部分に貼られています。記憶に残ります。立体的な横丁のような内部です。

全体を部分に分解してしまうと失われてしまうものがあるわけです。外装もそう。幅が変化する網目は数種の単位の組み合わせ。建物全体を統合しつつ、大きさ感を消しています。モアレ効果は単位の間合いで発生します。内部からの光やガラスに反射する周辺の明かりが入り交じり、にぎわいます。内部構成と同じ、界隈との相互作用です。

再開発に必要な統一感と再開発前のバラバラな自由の両立を図っています。合理的で、デリケートなのが良いのです。

設計者がプレキャストコンクリートブロックの網目模様を発想したのは1960年半ばに流行したオプアートから。外周の総延長は約350m。線路沿いの外壁は微妙にへこんで効果が高まる。

ニュー新橋ビル
New Shinbashi Bldg.

1971

松田平田坂本設計事務所
MHS Planners, Architects & Engineers Ltd.

SRC+RC造 11階、地下4階

新橋駅西口SL広場から眺める。地下1階から網目模様のある地上4階までが店舗階、地下2・3階が駐車場。ガラスカーテンウォールの5〜9階がオフィスで、窓がある10・11階は当初1DKと2DKの住宅として計画された。最上部は屋上の壁の立ち上がり。

タイルの色も多様

5つある階段はそれぞれ色の異なるタイルが貼られている。地下1階から地上4階を結ぶエスカレーターのタイルは三角形とひし形の組み合わせ。凹凸や焼き色の差で遊んでいる。

●ACCESS

港区新橋2-16-1
JR「新橋」徒歩1分

●DATA

地下1階から4階までの5階層で飲食店、物販店など、約300軒のテナントが入っている。

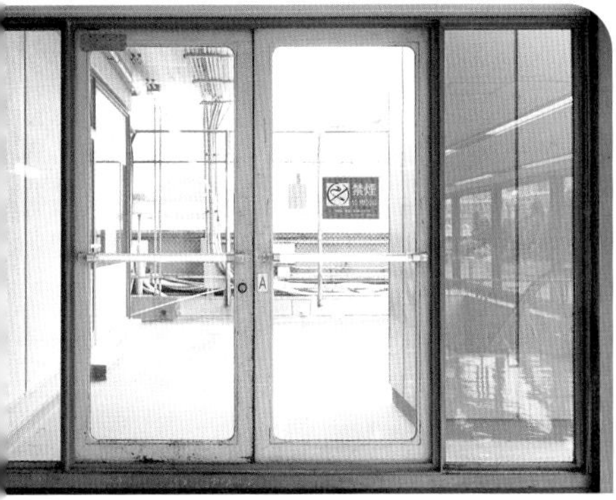

憩いの場

店舗階とオフィス階が切り替わる4階外部は屋上広場。ベンチや植え込みもデザインされている。広場は、月～金曜の9:00～17:00まで開放されており、利用可能。

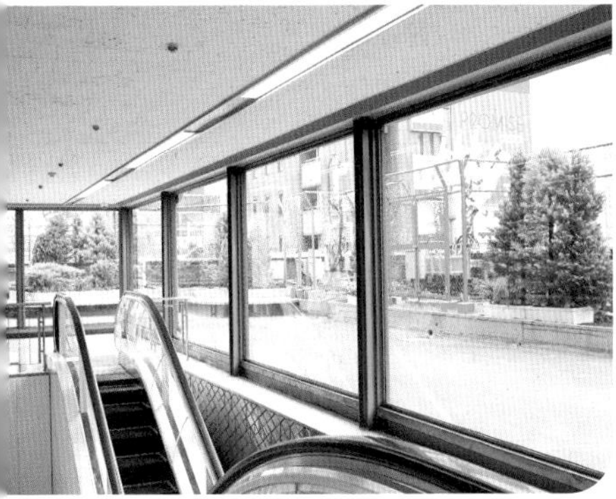

デザイン性の富んだ昭和の一級品ビル群

三菱地所のビル

三菱地所のビル

国際ビル
Kokusai Bldg.

1966

三菱地所+谷口吉郎
Mitsubishi Estate + Yoshiro Taniguchi

SRC造 9階、地下6階

千代田区丸の内3-1-1
東京メトロ有楽町線「有楽町」直結、
都営三田線「日比谷」直結

新東京ビル
Shin-Tokyo Bldg.

1963/1965

三菱地所
Mitsubishi Estate

RC造 9階、地下4階

千代田区丸の内3-3-1
JR「東京」直結

有楽町ビル
Yurakucho Bldg.

1966

三菱地所
Mitsubishi Estate

SRC造 11階、地下5階

[旧所在地]千代田区有楽町1-10-1
※現存せず。

新有楽町ビル
Shin-Yurakucho Bilg.

1967/1969

三菱地所
Mitsubishi Estate

SRC造 14階、地下4階

[旧所在地]千代田区有楽町1-12-1
※現存せず。

1）国際ビルのエントランスは正方形がテーマ。天井には市松模様に照明器具を取り付け、外部との境でも格子ごとにガラスの色を変えている。色ガラスの組み合わせは、地下の飲食街「KUNIGIWA」のシンボルマークにも応用されている。

1

外観以上におもしろい表情豊かな内部にも注目

有楽町に広がる昭和の一級品の街並み。1963年の新東京ビルから1969年に完成した新有楽町ビルまで、軒高は戦前からの規制に準じています。角丸だったり角ばっていたり、ステンレスやタイルが目立ったりと外観の変化がおもしろいですが、内部はそれ以上。入り口から階段にかけて凝ったデザインが施されています。

高度成長期に建てられたこれらのビルは、昭和戦前期のビルと、70年代以降の超高層ビル、どちらとも違う完成度で、訪れる者を魅了します。

人を迎え入れる顔を持つことは、戦前の格式ある建物に似ています。でも、ここで感じられるのは、民主主義的な親近感。素材をありのままに用いているためでしょう。様式的な装飾が時代遅れとなった時代だからこそ、デザインは工夫され、ものづくりはさらに誠実です。

どのビルも歩く人間が中心に考えられていることに気づかされます。行動を階段が後押しし、視線が動いた際に手すりのデザインはいっそう輝きます。タイルや大理石も素朴でありながら、近くに寄った時に豊かに表情を変えます。

一街区を占めるビルの歩行者空間を楽しくする工夫は、今はなき戦前の丸ビルや三信ビルなどに始まりました。それは戦後もモダンに継承され、縦に長い超高層ビルが主流になる前のこの時期、最高の質を達成しました。街並みとしての内部、今や貴重です。

見事な多様性

飾られていてもモダンと言えるのは、機能性と即物性と幾何学性を失っていないから。エレベーターホールの壁など機能的に必要な部分に、素材本来の表情をあらわに、抽象的なデザインを施している。制約から生まれた飽きのこない多様性をじっくり巡りたい。

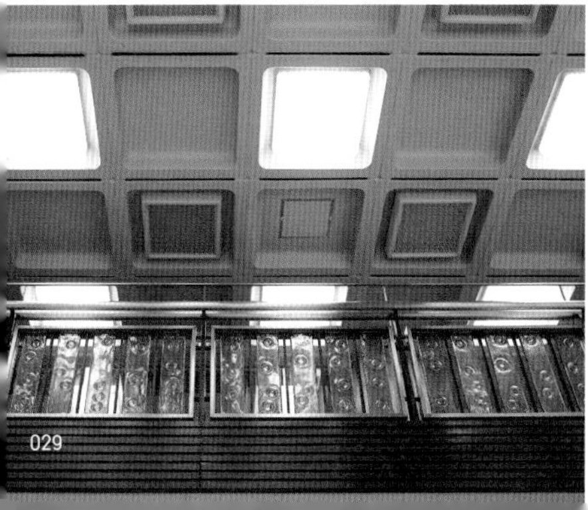

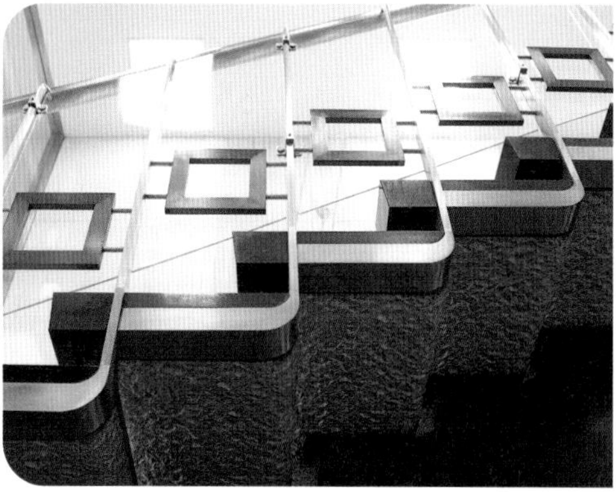

美しい階段

ビルの階段は、階段というものの本来の性格を浮き彫りにする。手すりの曲線や下端の開きは、人と密着する存在であることを。手すり子や段板のリズムは、段が繰り返されるものだということを。整えられた段裏や効果的な吹き抜けは、視線が上下する空間であるということを。

エントランスの吹き抜けに面した有楽町ビルの階段は、一連のビルの中でも特にスリリングなもの。直線的な陶板タイルの壁に曲線的なステンレス鏡面仕上げの手すりを合わせても破綻せず、工芸と工業がひとつながりだと納得させられてしまう。

新東京ビルの眺めが街並みとしての内部を象徴する。外部との境をモダンな全面ガラスにすることで碁盤目の街路を引き込むことは、戦前のビルにはなかった。繊細な床の装飾や人工照明などを通して、外部ではできない公共性の創造も意識されている。

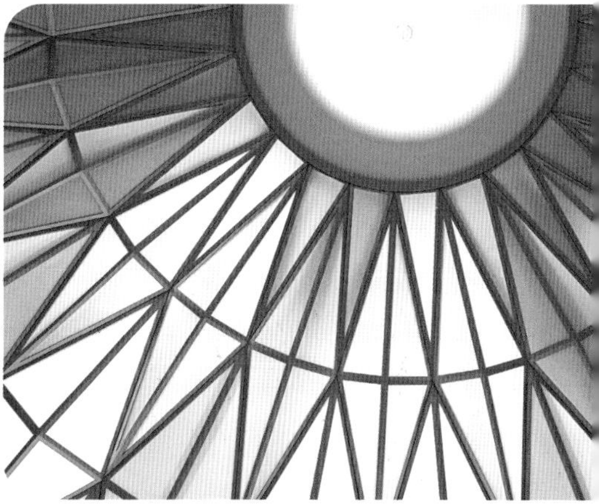

凝った照明

さりげなくデザインされた人工照明が、ビルの内部空間に抑揚を与えている。当時の高さ規制の中で床面積を取ろうとすると、どうしても階高が低くなってしまう。その閉塞感を解消するための工夫でもある。

ビルの中に埋め込まれた劇場

帝国劇場
Imperial Theatre

1966

谷口吉郎
Yoshio Taniguchi

国際ビル内 意匠設計

輝く階段

●ACCESS
千代田区丸の内3-1-1
都営三田線「日比谷」直結、
東京メトロ有楽町線「有楽町」直結

光を放つ階段は足元を照らし、空間の上下をつなぐ装置。スライスしたトチとマホガニーをプラスチックで挟み、下に光源を仕込むことで絶妙な色を実現させた。内と外とで木目を変えて、さらにほのかさを増している。

ビルのドアをくぐると そこは絢爛豪華な劇場だった

隅に「帝国劇場」の文字がなければ、劇場と気づかないのでは？日本初の本格的な洋式劇場として明治末に開場した先代は壮麗なルネサンス様式。ひとつの建物がひとつの機能を持ち、外観が機能を現していました。これはまるで逆。建物に埋め込まれた一機能として劇場を成立させるというモダンな挑戦です。

中に進んで心に浮かぶ文字は意外にも「絢爛」。ビル然とした外観の印象を裏切ります。モダン建築は、機能的すぎて心を躍らせないという先入観も見事に破られます。

ロビーには織り成された光。猪熊弦一郎のステンドグラスから注ぐ鮮明な透過光が、反対にある伊原通夫が製作したステンレス製のすだれに反射しています。その形を言葉で表しづらいのは、見る者の位置によって七変化するから。アーティストに任せた作品を階段の両側に配していることから、内装設計の谷口吉郎が人間行動の設計に意識的だったことがわかります。光が誘う階段、折り紙のような劇場内、すべてが抽象的で素材そのものです。押し付けない日本らしさも漂わせています。

昭和の帝国劇場は装飾的な過去の幻想にすがっていません。高度成長期の自信が、機能的で、写真に収めることのできない空間を編み出しました。来場したときにだけ味わえる、特別な経験。日本の劇場らしさはモダンでも、いやむしろその方が醸し出せると実証したモダンの到達点です。

※2025年2月より建て替えのため休館。

猪熊弦一郎のステンドグラスを大胆にロビー空間に配している。「律動」というタイトルで、日本の祭りや歌舞伎の芝居絵を表現。向こうの階段踊り場の金色の装飾照明は「水引」をかたどったもので、こちらも豪胆だ。同じ猪熊の作。

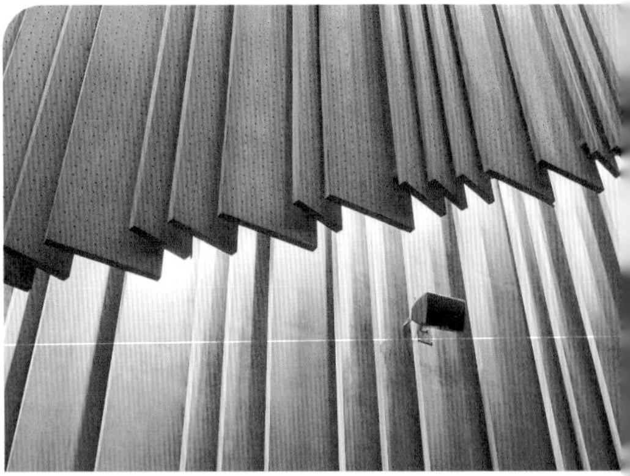

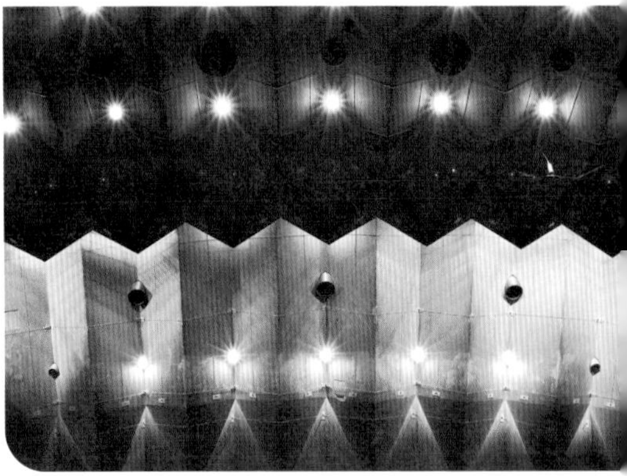

天井や壁にグッと寄って

折り紙のような天井はベニヤ板の構成。複雑に見える壁面の縦縞も、近くに寄るとチーク材を仕上げずに使ったものであることがわかる。安価な材料を組み合わせ、高貴に変える意匠の魔法。巧みな照明の利用と、そこはかとなく漂う和風の趣が谷口吉郎の一流。

劇場は1階が約1200席、2階が約700席で、合計約1900席。舞台の鑑賞と音響の効果を第一と捉え、彫刻などが一切ない。椅子の布地は古代紫、緞帳(どんちょう)は無地に金銀の縦縞と、こちらも素材のみ。装飾排除の徹底ぶりは戦後の大ホールでも随一。先代とは反対を極めている。

シックに豪華に

お堀が見えます

虜にさせる人工世界の中で唯一、外部に開けているのが隅の喫茶室。2面がガラス張り。皇居前というロケーションをここぞというところで生かして心憎い。椅子の高さや幅を室内空間にピッタリ合わせていることも、計算づくのモダン。

ロビーの見どころ

内部の壁は設計者が好んだレンガタイル。照明器具も簡素でありながら効果的だ。他にも、ステンドグラス下の加藤唐九郎の志野焼きタイル、本郷新による4面の仮面「喜怒哀楽」、2階壁の脇田和のタペストリー「飛天」、貴重な開館当時からの案内板などに注目したい。

曲線と色彩が官能的

劇場、外観、オフィス部分すべて常識から抜け出たデザイン

日本生命日比谷ビル　日生劇場

Nippon Life Insurance Hibiya Bldg.

1963

村野藤吾

Togo Murano

SRC造 8階、地下5階

斬新なオフィスビルが1963年に誕生しました。えっ劇場じゃないの？と思わせるのが外観（P．45）の効果。日本生命が70周年記念事業として東京の本部ビルを新築する際、本格的な劇場を併設したのです。当初から小学生をミュージカルに招待していた伝統を継ぎ、今も良質な子ども向け舞台作品を届け続けています。内部の約半分はオフィスですが、石壁の素材感や深い窓の表情がそう感じさせません。同じ複合ビルでも、ツルッとした帝国劇場とは対照的です。違う向きに未来を目指しています。外観はレトロ建築のような印象。でも、下階の外壁が内側に入り込むのは、見た目の安定感重視の戦前にはありえないデザイン。1階はコルビュジエの国立西洋美術館と同じピロティ形式です。

常識を離れ、浮遊しているのは内部も同様です。ロビーでは高級な大理石の床と率直な工業素材の天井が向き合っています。その間で抽象的なデザインの照明が空間を照らし、繊細な手すりは、消え入りそうな細さで心にささやきます。劇場内は、洞窟みたい、官能的……、形容は人によって違うでしょう。年齢に応じても変わるでしょう。

人は新しいものに魅かれます。村野藤吾はそんな感情を軽薄なものとして否定はしませんでした。モダンとは一箇所に安住しない新規性であり、それが生を豊かにする可能性に賭けたのです。

観念的な質の高低、伝統や進歩の概念に縛られない心と、具体物な過去と素材を扱える腕が生み出した建築です。今も、何度でも新しく見えます。

●*ACCESS*

千代田区有楽町1-1-1

都営三田線・東京メトロ千代田線・日比谷線「日比谷」（A13出口）徒歩1分

現在の座席数は1334席。1階と2階の間に、グランド・サークルと呼ばれるバルコニー席がある。洞窟のようにうねる壁面を体感するなら、ここがベスト。

目を見張る職人技

劇場の天井は藤色の石膏下地にアコヤ貝貼り。貼り方は照明のある窪みの付近で密である。壁のガラスモザイクタイルは、きらめく金色を端部などで追加。現場でしか調整できないあんばいによって、素材の奥を感じさせる見え方を生み出しているのが分かる。

客席1階ロビーの階段は、折り返しの部分に彫刻のような支柱を添えて、浮遊感を強調。天井の石膏穴あきボードは純白だが、床のじゅうたんの色を反射し、ピンク色として目に映る。同じ物体でも取り合わせで心の像が変化する。そのことに設計者は敏感だった。

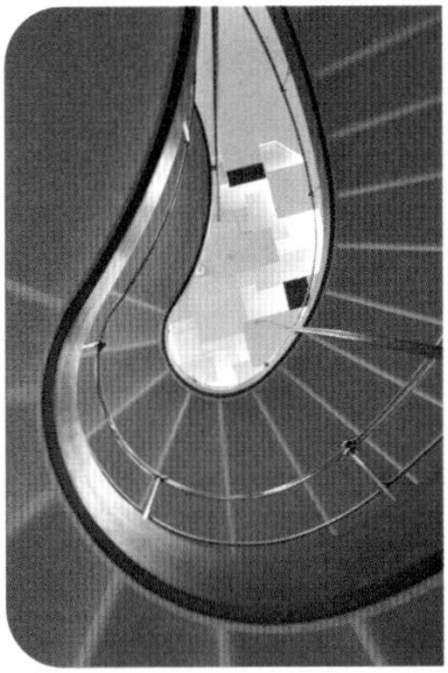

1

2

1）ダブルになっている手すりは、手すり子（縦の棒）と手すり子の真ん中辺りで膨らむように間を広げて短棒を噛ませ、手すりと手すり子とはクローバー型の造形金物で結合している。めくるめく階段の印象を高めている。 2）真鍮とガラスの灰皿。ロビーの椅子やテーブルなどと同じく、これも村野のデザイン。日生劇場が輝き続けている背景には、適切なものが置かれ、余計なものが置かれていない空間の維持管理がある。

手すり萌え

※2024年現在、灰皿は撤去。

抽象画的

光を放つアルミニウム押出成形の天井はカンディンスキーやマレーヴィチといった勃興期の抽象絵画のようで、前衛性と懐かしさが交錯。戦前からモダン建築を手がけていた村野らしい。正面のガラススクリーンは日本のガラス工芸を確立した岩田藤七の作。

1階ロビーから上る階段はゆったりと幅広い。空間の規模を受け止めるのに十分。それに対して、あまりにも繊細なステンレス製の手すりを持ち込み、まとめ上げてみせるところが村野のモダンな冒険心。

モザイク画

1）低まったエントランスの天井が長谷川路可の大理石モザイクを引き立て、子どものように大らかな図柄は一般に開かれた劇場であることを伝える。内部と外部に境がないということ、ピロティ形式だということ。モダンな設計法を、新しい劇場らしさにつなげている。 2）劇場上部には光庭が設けられ、取り囲んで配置されている7・8階の事務室や国際会議場部分に光を導く。手すりも劇場とは異なり実直な雰囲気だが、繊細なデザインは共通する。（※オフィス部分は一般非公開）

オフィス部分

外装は岡山市で採れる花崗岩の一種である万成石。戦前、和光ビルなどにも用いられた銘石だが、戦後の当時はビル外装に石を用いること自体が異例だった。表面の叩き仕上げの粗さを変えたり、曲面に加工したり。重厚さに親しみを加えるディテール。

優雅な外観

三角形の敷地に三角の建物を

●ACCESS

千代田区日比谷公園1-4
東京メトロ丸ノ内線・日比谷線・千代田線
「霞ヶ関」徒歩3分、都営三田線「内幸町」徒歩3分

●DATA

開館時間:月～金10:00～22:00
土 10:00～19:00
日・祝 10:00～17:00
休館日　毎月第3月、12月29日～1月3日、特別整理期間

開館時は3階建て。1961年に4階部分が増築された。淡い緑色の外壁は開館時から。日比谷図書文化館に改修する際、すでにある擬石貼りを超高圧洗浄し、塗装剤等で表面処理して当時の仕上げを再生した。

改修の際、スチールサッシからアルミサッシに変更したが、太さや割付けはできる限りオリジナルを踏襲。中間部分は以前の2つ分を1つに改め、外の風景をより取り込むように。遮光も以前はブラインドカーテンではなく、障子だった。

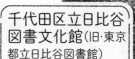

千代田区立日比谷図書文化館(旧・東京都立日比谷図書館)

Chiyoda City's Hibiya Library & Museum

1957/1961

東京都建築局

Tokyo Metroporitan Gavernment

RC造 4階、地下1階

円形部分と三角部分

児童閲覧室として作られた円形部分はライブラリーカフェに。三角形の部分も、開館時には電気蓄音機やラジオ、テレビなどが置かれた最新の鑑賞クラブ室だったが、緑が望める閲覧スペースに変わった。特徴的な形が新たな用途を生んだ。

三角、丸、四角あらゆるモダンな形が潜む

三角に円と、実に図式的な平面。モダンが割り切りの時代だったことを印象付けます。

設計したのは東京都の建築局。建物の形は敷地が不等辺三角形であることに由来しますが、それでも前例のないものが許されたのがこの若々しい時代です。同じ1950年代、平面を円形にした円形校舎も各地で試みられました。

計画も野心的。「今までのように読書するだけの図書館ではなく文化センターとしての意義も持ったものである」とは開館時の設計者の言葉です。従って、映画上映や講演ができるホール、視聴覚室、会議室、食堂などが設けられました。ひとつの建物がひとつの機能ではなく、地域の中で役割を果たす。モダンな考え方です。円形部は子ども専用の閲覧室。先進的な思想が形に直結しています。

2011年に日比谷図書文化館として再開館しました。東京都から千代田区に移管され、地域により密着したミュージアムを設置。単純な外形の中にパズルのように設けられた部屋の機能を組み替えて、従来の図書館を越えた文化施設という当初のコンセプトをアップデートしました。

フレスコ壁画「文化の壁」は丁寧に維持。日比谷公園の緑を取り込むという、同じく素朴な再出発としての空間理念を、最新のサッシなどでいっそう高めています。モダンの時代が残した文化としての意義も伝える、読書するだけではない図書館です。

地下の旧講堂は座席数を減らして、ゆったりした日比谷コンベンションホール(大ホール)に。鋭角の部屋の形はそのままで、中央の梁もインテリアに生かした。

こだわりの階段

三角形の全体形の中に巧みに配置された階段。当初の仕上げを残している。人造石研ぎ出しや赤松石貼りといった昭和の仕上げの教材だ。

4階のスタジオプラス(小ホール)は六角形の平面。屋上に突き出た部分から光が注ぎ、格子の影で六角形が三角形からなることに気付かされる。

合理を極めたモダンなビル

合理を極めたシンプルでスマートなビル

1954年に設計され、3年後に完成した電話局が東京の真ん中にありました。

主な機能は電話交換機の収容。本書中で唯一、人間が脇役の建物です。1952年に発足し、数多くの電話局を設計する日本電信電話公社の設計チームがデザインしました。

合理を極める条件に満ちていますが、存在感も十分。壁はいかにも分厚そうな打ち放しコンクートです。地震に耐えるための壁はすべて外面に。内部の固定壁をなくし、重い機械という住人を将来の配置換えも含めて、長く支えられるように考えられています。

上に行くほど大きい窓の形が印象的ですが、これも構造原理の率直な反映。大きな力がかかる下階は壁面量が増えて当然ですから。

2～5階が電話交換機室、1階は試験室、6階が事務室という設計。ただし、将来のために空間に余裕を十分に持たせ、電話交換機室の半分は当初、別の目的に使用されました。後にパネルでふさがれましたが、4・5階がガラスブロックなのはそのため。人間が使う最上階の窓が広く、構造の原理と機能が見事に合致しています。

全体構成からアルミニウム製の手すりまで個別にデザイン。条件を見つめて合理を極めるモダンな設計は画一性ではなく、個別性につながるのではないか。建築が工作のように楽しいものづくりであるという原点を教えられます。

NTT霞ヶ関ビル
(旧・霞ヶ関電話局)

NTT Kasumigaseki Bldg.

1957

日本電信電話公社
建築局

Nippon Telegraph & Telephone
Public Corp.

RC造 6階、地下2階

●ACCESS
千代田区内幸町1-1-6
都営三田線「内幸町」徒歩2分

外観の手すりはアルミニウム押出成形。従来の木製や鉄製の手すりに飽き足らない設計チームが、今後一般に利用してほしいと油土で持ちやすい形を造形して工場に特注。既製品の組み合わせではなく、逆に個別の設計が建材カタログを充実させていった当時らしいエピソード。

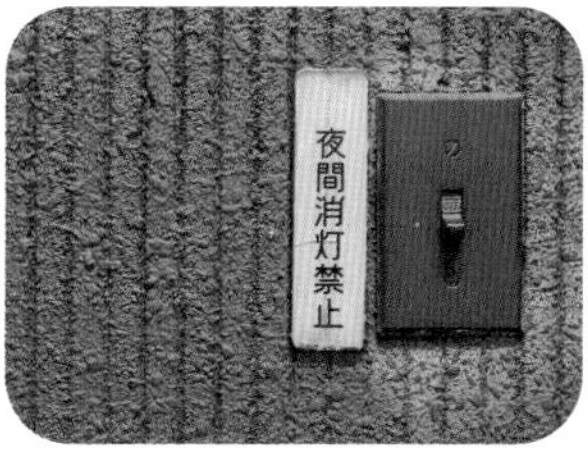

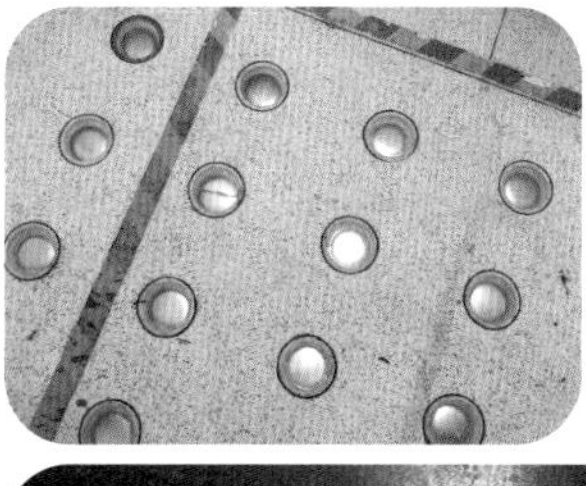

ガラスブロックで光を入れる階段室、丁寧に束ねられたコード類、風雪を刻むスイッチや、味のある階段の数字。60年の間、大都会の裏で静かに通信を支え続けてきた。

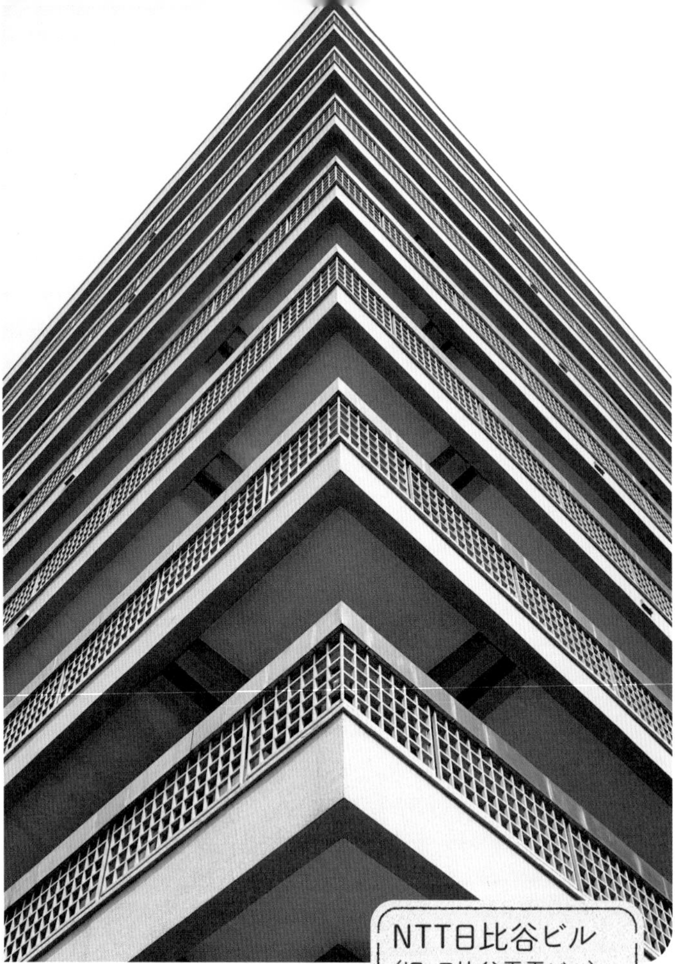

バルコニーはコンクリート打ち放し、鋳鉄格子の腰壁、ステンレスの笠木を重ねて、角を触ると切れそうなほどに精巧。直射日光を遮り、掃除や改修時の足場や万一の際の避難路などの機能を果たす。

NTT日比谷ビル
(旧・日比谷電電ビル)

NTT Communications Head Office

1961

日本電信電話公社
建築局

Nippon Telegraph & Telephone Public Corp.

SRC造 9階、地下4階

●ACCESS

[旧所在地]千代田区内幸町1-1-6
※現存せず。

本社ビルらしい端整な面持ち

日本電信電話公社の本社が置かれたビルは、工作精度の高さを誇示し、東京の美観の一部を構成しています。ここでの「工作」は先のNTT霞ヶ関ビルと違って、もっと機械的、組織的な印象。この違いは復興期と成長期という年代の差を映し出しています。高度成長期は今では考えられないほど1年の違いが大きいのです。電話局とオフィスという用途の別もあるでしょう。そして設計担当者の

この鋭角がたまらない

完成時には右手に古代ギリシア風の柱が並ぶ渡辺節設計の日本勧業銀行本店、左側にはフランク・ロイド・ライトの旧帝国ホテルがあったが、このビルが最も高層だった。

違いも反映しています。

ＮＴＴ霞ヶ関ビルの設計に携わったのは当時在職していた内田祥哉。その後、東京大学に戻り、意匠と生産を掛け渡す建築構法の分野を確立。隈研吾も内田研究室出身です。

こちらは戦前、公社発足前に電信電話業務も受け持っていた逓信省に入省した國方秀男の設計です。本作で２度目の日本建築学会賞を受賞。１９６３年に公社を離れ、組織設計事務所を設立しました。

細かい格子が輝く手すり、角が鋭く合った一直線のバルコニー、外周の柱に埋め込まれて設計されている雨樋……、みな精度の高い仕事のデザインです。単純な要素が適切に組織されて、効果を発揮しています。不透明なところがなく、力を合わせれば達成可能な目標に感じられます。

科学的で匿名的な機構のイメージを形にできる建築家も、電電公社は抱えていたのでした。昭和にはいくつも存在した「公社」の誇りを、首都らしく物語ります。

宇宙が似合うオフィスビル

国民飲料ヤクルトの安定感が現れる

中央通りを歩いていると感じの良い階段に出会います。1972年にヤクルト本社は八丁堀から新橋に本社社屋を移しました。14階建の大きなオフィスビルですが、道行く人へのサービス精神があります。

踏み板も手すりも、繊細な立体トラスに支えられ、宙に浮いて見えます。地上から昔ながらの形で持ち上げられているのではない、技術の粋を集めた宇宙ステーションのようです。専門家が人間の行動を拡張してくれる。そんな未来を予感させます。

中につながる階段を外に見せているのは、閉じた企業でないというメッセージでもあるでしょう。下がスカート状に開いた壁も、透明な入り口も入りやすさのアピールです。

では、外壁の緑は何を意味するのでしょうか。天井パネルが内外を通じて繰り返され、ハロゲンランプの照明が医療施設を連想させるのは？

ヤクルト本社ビル

Yakult Head Office

1972

圓堂政嘉

Masayoshi Endo

SRC造 14階、地下2階

1）真っ白な吹き付けタイル仕上げのプレキャストコンクリートパネルと、そこに映える濃緑のイングリッシュアイビー。生きた乳酸菌を科学の力で調整した飲料のような人工と自然の調和。 2）中央通り側の1階はガラス張りの展示ホール、右手はヤクルトホールのホワイエに続く。 3）内部にも外部にも連続する四角い天井が清潔感と入りやすさを強調。 4）社員用の出入り口は裏手にある。

そして遠目には意外に左右対称。古典的な安定感があります。

乳酸菌飲料ヤクルトは予防医学の理念から生まれ、高度成長期に国民飲料となりました。１９６８年からプロ野球球団も経営し、開かれたイメージを高めていた会社から設計を依頼された建築家は、躍進した企業の本社ビルにふさわしい安定感、間口の広い市民性、生命に関わる専門家が社会を牽引するイメージをモダンにまとめ上げました。自社ビルと設計の専門家への信頼があった時代のデザインは、見ごたえがあります。

●*ACCESS*

港区東新橋1-1-19

JR「新橋」徒歩3分

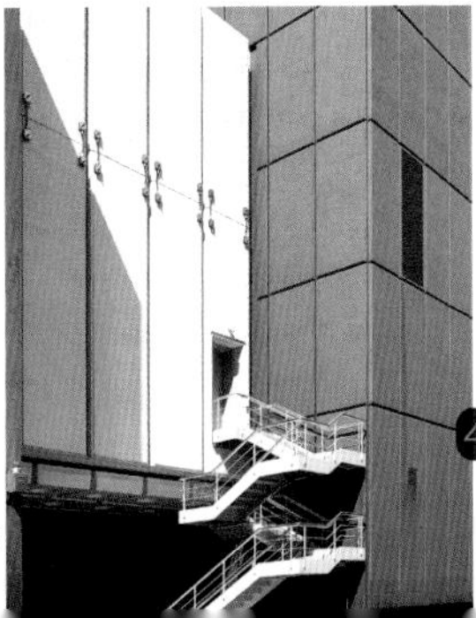

舞い降りた未来都市

大地に根ざしているのは円筒形のシャフトのみ

円筒形のシャフトの中にエレベーターや階段が入り、そこから突き出した部分がオフィス空間です。メディア企業のビルとして1967年に完成しました。脇でカーブする首都高速と呼応して、その頃のアニメや雑誌の未来都市のよう。ぼんやり止まっているのではなく、人間が忙しなく移動し続ける都市に見えます。

時間的にも移り変わっていきそうです。大地に根ざしているのはシャフトのみ。構造を支え、上下移動や水回りの機能も担っています。従って、突き出した部分は純粋な空間。将来的に増やしたり、取り替えたりも可能でしょう。流動する新しい時代のニーズに応え、固定的ではなく、常に変遷し続ける建築。

ジョイントのような接続部や空いた階は、そんな機能に対応していそうです。でも、現実には突出部に構造的な役割はありません。増築可能な仕組みにもなっていません。

シャフトの最上部をよく見ると、裏側が斜めに断ち切られています。その下のオフィス空間の小ささと共に法規的な斜線制限の結果とわかり、明快に思えた形の根拠は薄らいできます。最上部に社名が記されて、人々の印象に残るのと同じように、この形全体がモダンなイメージの広告塔なのでしょうか。

ただし、短期的なものではありません。丹下健三の都市と建築への思想が形に込められています。アイデアを埋め込み、未来を鼓舞することもモダンの大事な機能なのです。

静岡新聞·静岡放送東京支社ビル

Shizuoka Shinbun & Shizuoka Broadcasting System Bldg.

1967

丹下健三

Kenzo Tange

SRC+S造 12階、地下1階

※2022年に保存改修。

●ACCESS

中央区銀座8-3-7

JR「新橋」徒歩1分

SONY
COLOR
1 41
SONY

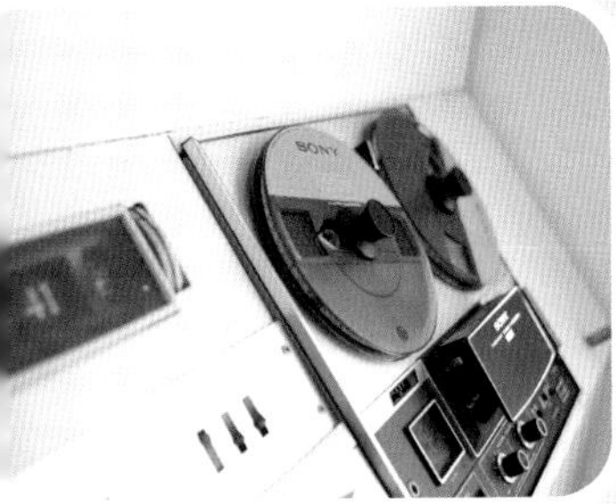

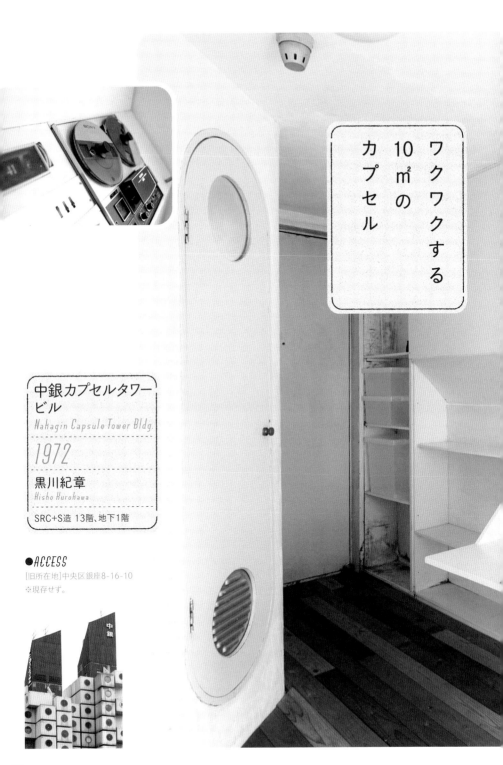

ワクワクする10㎡のカプセル

中銀カプセルタワービル
Nakagin Capsule Tower Bldg.

1972

黒川紀章
Kisho Kurokawa

SRC+S造 13階、地下1階

●*ACCESS*
[旧所在地]中央区銀座8-16-10
※現存せず。

「カプセル」という名に込めたデザイン性と合理性

1972年に売り出された分譲マンションです。普通と違うのはわずか10㎡しかないこと。ユニットが工場で生産され、現場ではエレベーターなどの設備が入った2本のシャフトにジョイントして完成です。その大きさは道路を通行できる最大サイズです。

先の丹下健三の作品に似ていますが、「カプセル」と命名したのが黒川紀章らしいオリジナリティ。人が入るカプセルというとカプセルホテルが思い浮かびますが、これも1979年に彼が最初に作った際に「カプセル」と名付けてそれらしいデザインにし、やがて一般名詞化しました。

黒川が初めに有名になったのは1960年に結成されたメタボリズムグループの最年少メンバーとして。「メタボリズム」とは新陳代謝の意味。未来の建築は変わらない骨格を持ちながら変わり続けなくてはいけない、という共通理念を最も積極的に広報しました。

1970年の大阪万博ではそれを発展させ、動き続ける現代人のためのカプセルを提案。本作が恒久的な代表作です。わざとまちまちな方向にカプセルを取り付けた全体形から収納式のテーブルなどの細部まで、工業と生命をかけ渡す独自の思想と、それを平易に伝える異才の証明。

これを、狭くて古いマンションとしてだけ見るか。言葉と形の分かりやすい未来感にワクワクできるか。未来にいるはずの21世紀人は問われています。

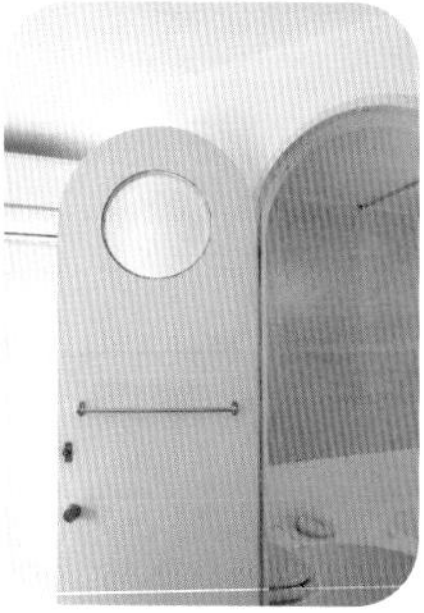

円形へのこだわり

設計者が好んだ円形の窓。晩年の2007年、東京都知事選に立候補した際の選挙カーの窓も円形だった。ドアの上下端も半円形だが、これはコルビュジエの作品にも類例がある。当時のハイテクな未来は、組み込まれたオーディオ機器にも。

カプセルは140個

全部で140個のカプセルは1個1個が区分所有されている。通常の集合住宅であれば外壁は共有部分だが、それも区分所有なのが特徴。

隅田川沿い元祖〝タワマン〟

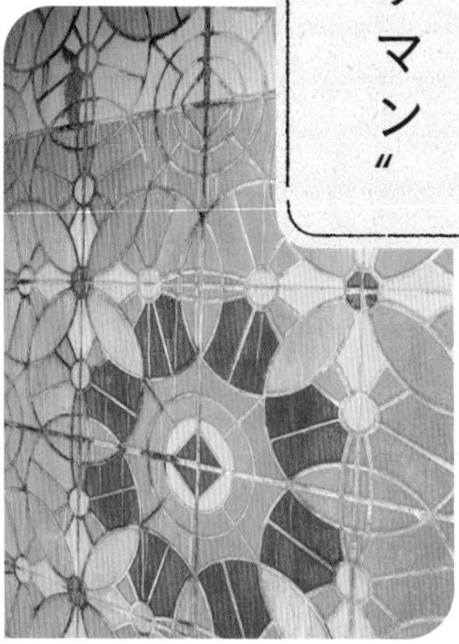

昭和な色柄

外壁の花柄は、近づくといくつかのタイルの組み合わせでできているのが分かる。外壁を保護し、色彩が汚れを目立たせず、都市の中で暖かな特徴を与える。

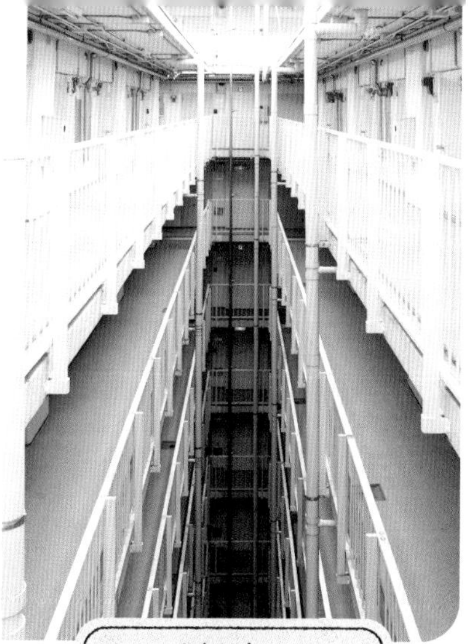

カーサ相生

Casa Aioi

1973

中野組設計部

Nakano-Gumi Design Section

HPC+SRC造 14階、地下1階

●*ACCESS*

中央区佃2-22-6
東京メトロ有楽町線「月島」徒歩3分

中からも高層感が

エントランスから抜けると明るい外部廊下に沿って部屋が並んでいる。数百戸が一望にできる眺めは、新しい高層での暮らしそのもの。

時代を先取りしたワンルームタイプ 遠目にも麗しいオレンジの外壁

木造家屋が並ぶ下町らしい風景の中に1973年、都内でも珍しかった超高層分譲集合住宅が姿をみせました。15階建に290戸が収まっています。約25㎡の細長いワンルーム。コンパクトな大きさですが、ユニットバスと流し台を備え、外廊下に沿って整然と並びます。

H型鋼と工場生産のプレキャストコンクリートを組み合わせた先進的なHPC工法を採用。現場作業が少なくて済み、耐震性に優れます。バルコニーや手すりなどの部材もできる限り規格化。実際、部屋周りの眺めは工業的です。

思いきった判断でリーズナブルな価格を実現。人気物件となり、ワンルームマンションに先鞭をつけました。

外壁の模様は数種類のタイルの組み合わせ。入り口すぐにエレベーターを設けたことで現れた正面の壁も、遠目にわかるシンボルに変えています。巨大だから、小さな部分の集積が効果的なのです。

集まって住むことで、生活の潤いも合理的に共有。エレベーターホールに装飾を集中して施しました。工芸的でどんな意味にも受け取れる図像です。一戸あたりの負担は微々たるものでありながら、共有するすべての住民に別々のイメージを喚起させるよう工夫されています。

設計に関わったのは後に「ドラード早稲田」など異色の作風で知られる梵寿綱（ぼんじゅこう）。本名の田中俊郎時代の集合住宅はシステマティックなのです。

2台のエレベーターの扉にはエッチングが施されている。少女や風車や羊たち。寓話的で、物語の意味は入居者に委ねられているようだ。エントランスの門も共同体としての性格を高める。

扉にエッチング

時代の空気

手すりの組み合わせも、規格化されたこの集合住宅を象徴している。郵便ポストや照明器具などが素朴な味わい。

工芸品の味わい

変電室の扉にも文様が。ガラスブロックも装飾的な既製品を用いている。具象と抽象、工芸品と工業製品の間を行くような細部が他のマンションにはない特徴。これもまだマンションの型が決まっていなかった時期のチャレンジのひとつだ。

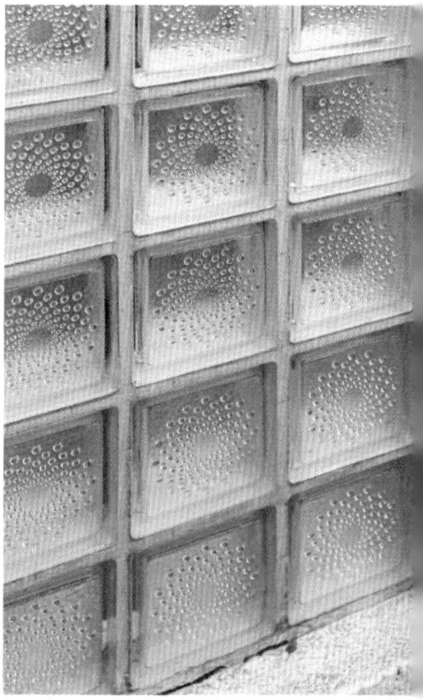

Column

モダンな階段

1) 目黒区総合庁舎(P.68)　2) 有楽町ビル(P.26)
3) 日本基督教団東京山手教会(P.84)　4) ビラ・ビアンカ(P.88)　5) 千代田区立日比谷図書文化館(P.46)
6) 新東京ビル(P.26)　7) 東京日仏学院(P.144)
8) 新宿西口広場(P.176)　9) 東京文化会館(P.138)
10) 秀和青山レジデンス(P.78)　11) 東京さぬき倶楽部(P.74)　12) 帝国劇場(P.34)

Area-2

エリア2

渋谷·目黒エリア

Shibuya, Meguro

村野藤吾建築の巡礼の起点に

バルコニーがまわり、アルミ鋳物の縦格子で覆われた外観。全部で約8900のユニットから構成され、当時最先端の工業素材を駆使しながら、彫りの深い表情を作り出した。

らせん階段、茶室……。優美さにうっとり

質の高い生命保険会社本社が、21世紀の区庁舎に生まれ変わりました。2000年、大きく報じられたのが千代田生命相互保険会社の経営破綻。五大生命保険会社の一角を占めていた会社の倒産は、バブル崩壊後の経済低迷を象徴する出来事でした。

健やかに建っていた本社の広い敷地は、更地にしてマンションでも建つのだろうと思っていた矢先、目黒区が購入して、総合庁舎に転用するというニュースが飛び込んできました。日本も捨てたものではないと感じたことを、昨日のことのように思い出します。

耐震改修などを経て、2003年に目黒区総合庁舎として使用され始めました。名建築家・村野藤吾らしい優美ならせん階段は、現在の基準では手すりの高さが足りないものでしたが、たおやかな上部の手すりとアクリル板を添えることで、変わらずうっとりとさせる造りに。モダンで豪奢なエントランスホールには何も置いていません。ル・コルビュジエ風味を加味した茶室も健在です。オリジナルのデザインをできるだけ忠実に生かしています。

当時は郊外だった理想的な敷地を得て、この作品で村野は、古今東西さまざまな要素を独自に融合する手腕を存分に発揮しています。自由が横溢し、各地に残る村野建築に通じる造形がふんだんに盛り込まれた、巡礼の起点になる建築です。高度成長期のセンスと目黒区の良識の産物です。

目黒区総合庁舎
(旧・千代田生命本社ビル)

Meguro City Office Complex

1966

村野藤吾
Togo Murano

本館／SRC造 6階、地下3階
別館／SRC造 9階、地下3階

●ACCESS
目黒区上目黒2-19-15
東急東横線・東京メトロ日比谷線
「中目黒」徒歩5分

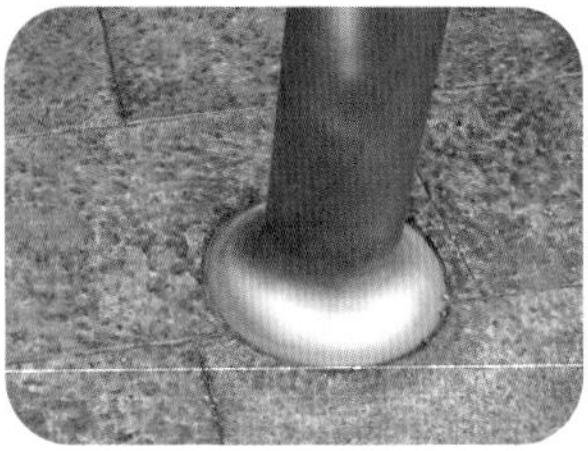

スペーシー！

1）エントランスの車寄せは、巨大なアルミ製で近代性を表現。左右8本ずつの不規則に立つ細い柱で、ジェット機の翼を思わせる形態が強調されている。柱や壁が地面に接するところを念入りにデザインするのが村野の手法。
2）渡り廊下の壁と床もカーブで結ばれている。

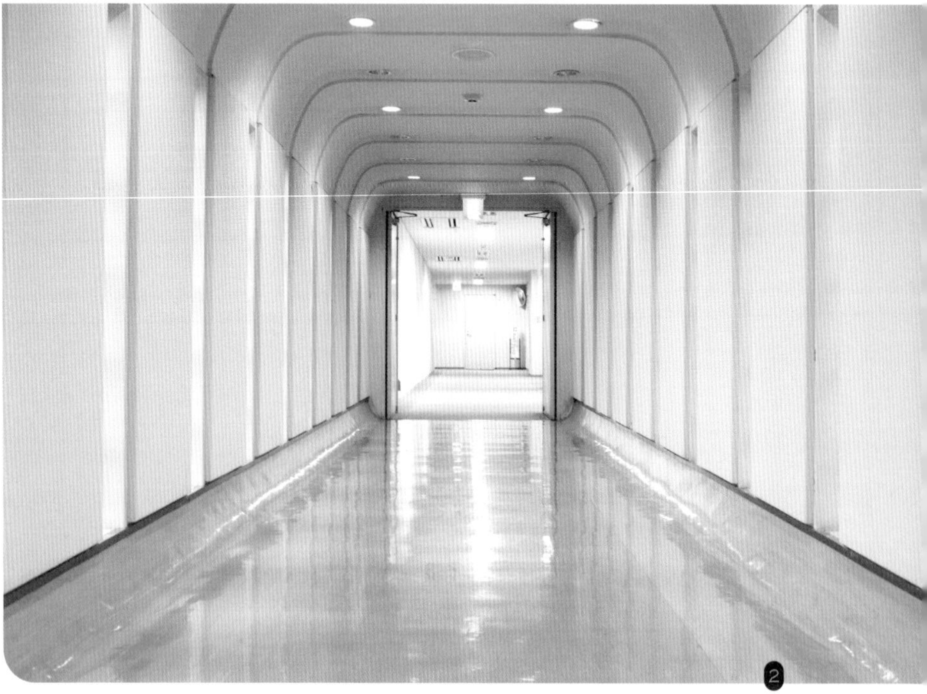

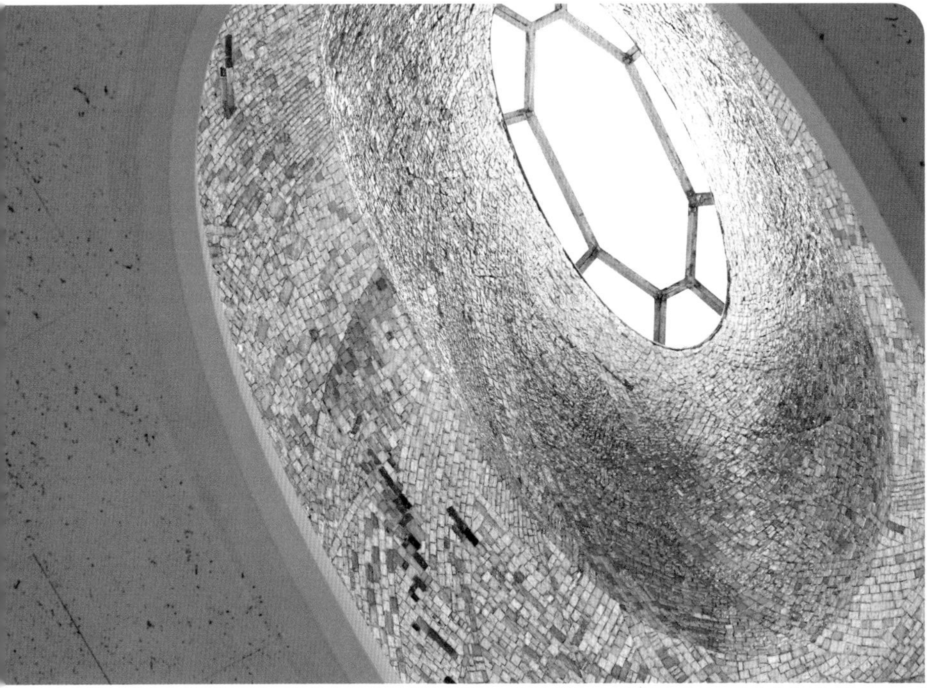

空間の広がりがモダンなエントランスホール。細やかなモザイクタイル、アクリルの窓飾り、ムラの中にカタツムリやヘビの図像が現れるような色ガラス。個性的な素材が、大理石に反射した光の中で共演している。色ガラスは岩田藤七の作。

ゴージャス！

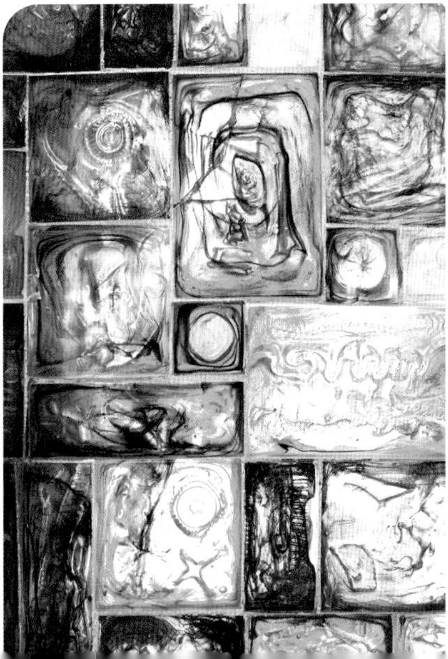

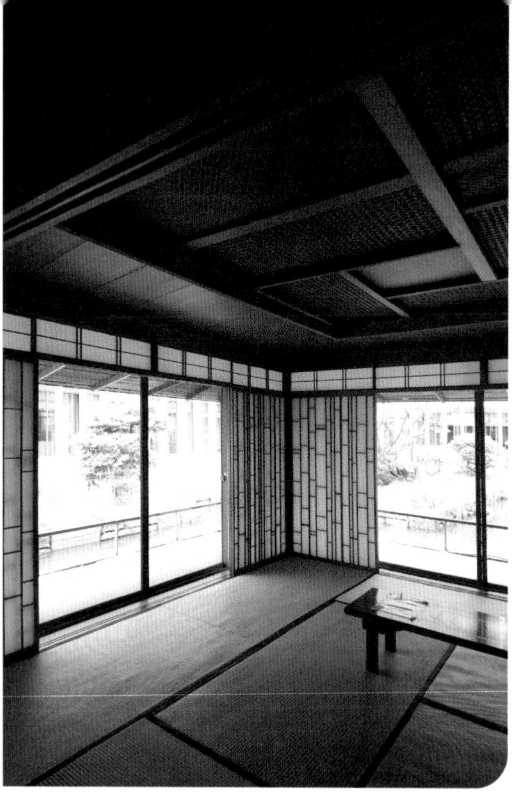

和モダン

1

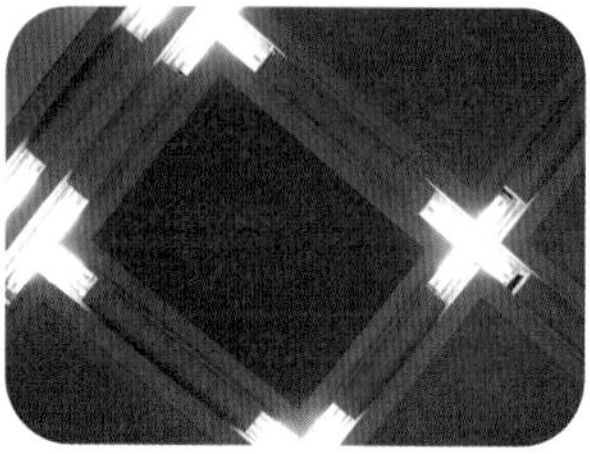

2

1）敷地の高低差を生かし、窪んだ池のまわりに建物が配置されている。池と同じレベルには3室の和室。数寄屋造りに根ざしながら、モダンなデザインをぶつけたり、鉄などの新素材を用いたりと、遊びの感覚をさらに展開させている。 2）独特な障子の組子は、木賊張りという竹や丸太を隙間なく張り並べた和風意匠を思わせる。伝統にはない幅の変化はコルビュジエが好み、国立西洋美術館にも使われているピッチの変わるルーバーを彷彿と。村野は引用とアレンジの達人だった。

見上げた際にも美しく、段裏までデザインされた階段。支えを華奢に見せたり、手すりを流れるように作ったりすることで、浮遊感を演出している。戦前のレトロ建築で階段は、単に上下する場所というだけでない、その建築に個性を与える大事な部分だった。村野はそんなロマンチックな手法を受け継ぎながら、定型から浮き上がるモダンさを与えた。

ロマンチック

いろいろな素材のモダンな組み合わせ

タイル、陶器、アクリル、ステンレス……、このバリエーション！

部分は語りかけます。人の行動に応えて。メインロビーではさまざまな素材が目に入ります。裏手の庭との間が全面ガラスになっているのは、モダンの定石どおり。柱が打ち放しコンクリートであることも同様です。外からの光は、赤レンガの壁や大判タイルの壁も照らし出します。目を引く仕上げが吹き抜け感を高め、見上げればそこには輝く照明。蛍光灯と反射板の比較的、単純な組み合わせなのですが、心に映る効果はそんな部分に還元できません。

2階部分の細い手すりにも同じことが言えます。共通点はみな、素材がそのまま仕上げになっていること。これらが不調和を起こさないのはなぜでしょう。

鍵は空間にありそうです。内部のもう一つの見せ場がエントランスホール。天井から吊り下げられた照明も、単純な組み合わせが効果を上げています。それを階段が囲んでいます。上がるにつれて、同一部材の組み合わせからなる手すりも見え方が変わってきます。

設計者は素材を率直に、機能的に使うというモダンなやり方を踏まえながら、その幅を広げています。空間にうまく配置することで、人間の行動に伴い、建築の部分が心を動かすよう配慮しました。

入口庇やベランダの形は、部分から人への呼びかけです。内外の空間の変化に富んだ連なりが人生を豊かにすることも、建築の機能の一部です。

東京さぬき倶楽部
(旧·東京讃岐会館)
Tokyo Sanuki Club Bldg.

1972

大江宏
Hiroshi Oe

SRC+RC造 12階、地下1階

●ACCESS
[旧所在地]港区三田1-11-9
※現存せず。

1972年の開館時は「東京讃岐会館」の名称で、香川県によって建設された。戦後名建築が多いことでも知られる香川県だが、設計者の大江宏もその立役者の一人。香川県立文化会館(1965)、香川県立丸亀武道館(1973)などを手掛けている。

細部までおもしろい

エントランスホールの吊り下げ照明も、メインロビーの天井照明も、ユニットの集積で美を生み出している。壁紙の選択も含め、大江はこの世代には珍しく、建売住宅のようなセンスにも臆せず踏み込んでいった。

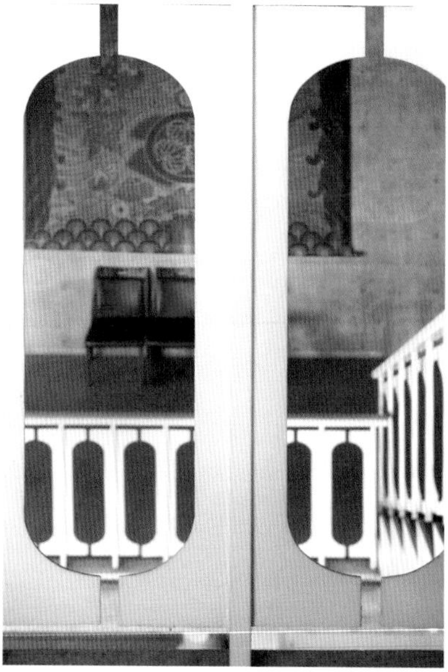

素材いろいろ

焼き物によるドアの押し手、壁のタイルやレンガ、プレキャストコンクリートの天井など、工芸と工業を掛け渡すように素材が用いられている。内部と外部の壁の素材を連続させるのは、モダン建築の典型的な手法。

秀和ブルーと呼びたい！

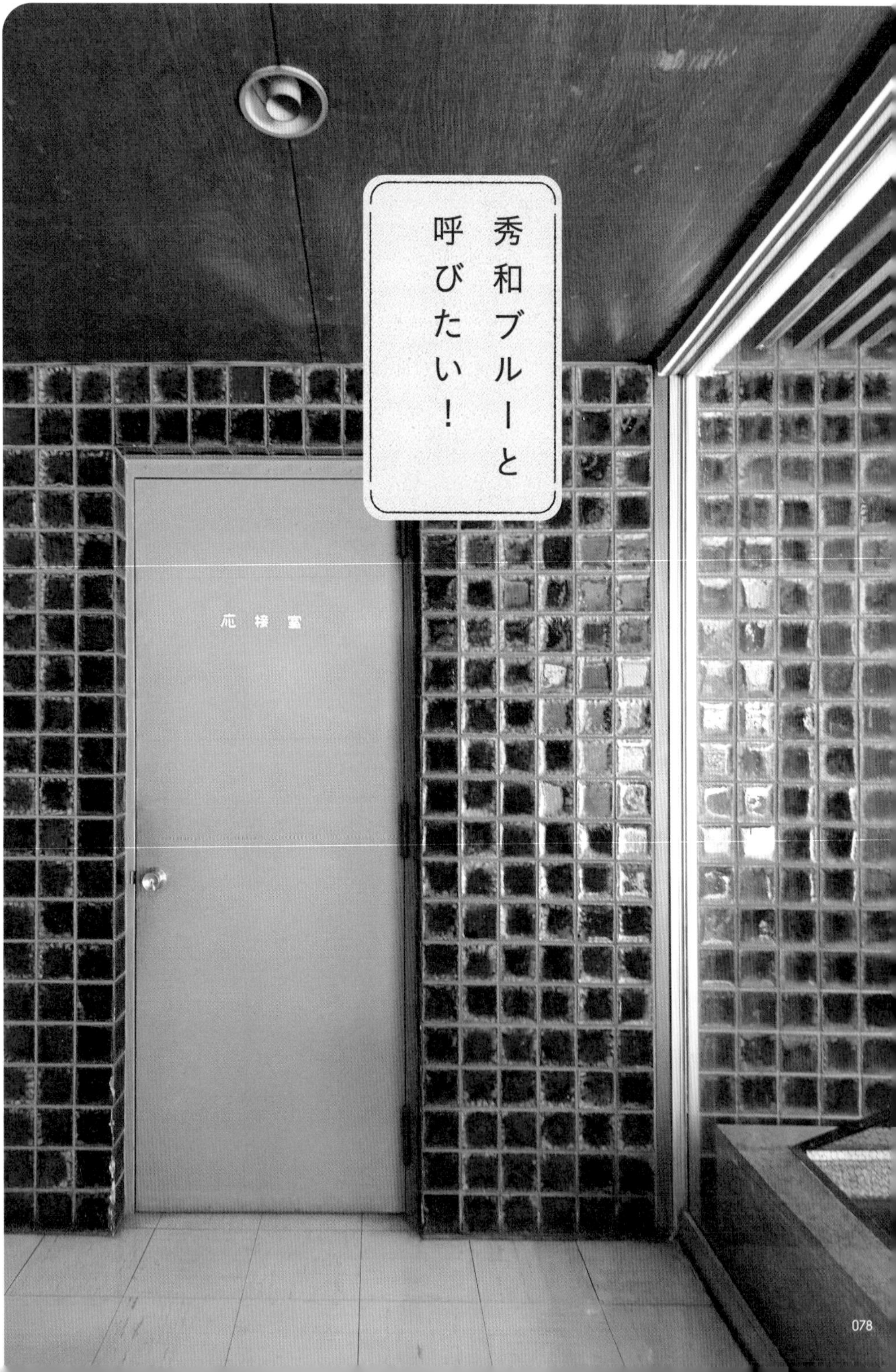

街にも住み手にも優しい表情の外部スペース。設計した芦原義信は『街並みの美学』の著作でも知られる著名な建築家で、建物によって作られる外部空間と街並みとの関係を強く意識した。

秀和青山レジデンス
Shuwa Aoyama Residence

1964

芦原義信
Yoshinobu Ashihara

RC造 8階、地下1階

●ACCESS

[旧所在地]渋谷区渋谷3-3-10

現存せず。

秀和レジデンスの第一弾
シャープな青いマンション

東京オリンピックの年に世に出された集合住宅です。「ヴィンテージマンション」の代表格と言えばそうなのですが、趣は他とは異なります。

見回せば、すべてが一直線。水平に伸びた各階のベランダが印象的です。青いタイルが整然と貼られて、腰壁以外の部分はすべてサッシで開くようになっています。それにしても、考え抜かれた一直線です。敷地はいびつな五角形で、なだらかに傾斜しています。そこにあえて四角い建物を置くことで、気持ちの良い外部スペースを出現させています。

通りから少し下り、奥まって気持ちが安らいだ先で、エントランスホール（P.80）が迎えます。壁には磁器タイル、照明は蛍光灯、階段の下には花崗岩黒水磨きのいわば床の間。まっすぐな内廊下にも外からの光が注いで、住むという機能に徹しています。

秀和レジデンスで有名なのは、1967年の「秀和外苑レジデンス」や「秀和南青山レジデンス」以降のシリーズでしょう。傾斜した屋根や、ロマンチックな窓、レトロなベランダといった西洋の邸宅らしさで、一時代のマンションのイメージを作り上げました。

これはそれ以前。本質がわかっている住み手こそが好むモダン建築です。後述のビラ・ビアンカ（P.86）も同様です。その瑞々しさが保たれているのは都会の奇跡です。同じ1964年の完成ですから、ヴィンテージイヤーではありますね。

エントランス

ほぼ完成当時のままのエントランスホール。半世紀以上にわたって、当時の材料がよく手入れされ、日常の上質さを感じさせる。入り口が透明なガラスで、向こうの化粧レンガ積みが目に入る巧みなデザインも当初から。

1

昭和渋カラーの妙

1）タイルもドアも渋い色味で、マンションというより、アパートメントの言葉が似合う清楚さ。それが一層、日本離れした雰囲気を醸し出している。 2）よく見ると気になる形があちらこちらに。広い屋上で設備を隠している横桟や階段廻りの縦桟など、細部は和風の趣も感じさせる。

気になる形

2

ベランダが可愛らしい

華美過ぎず レトロな趣の挙式場

可愛らしくはありませんか。向かって左手の建物は、奥にレンガ色の壁があり、手前に白いアーチ型のベランダ。色のコントラストが印象的です。

　右手の建物（写真・下）もレトロな趣では負けていません。最上階が目立っていて、こちらは円柱が並んだベランダ。その下の壁は渦巻き状のパターンを付けたスタッコ調の仕上げで、1970年代のマンションのよう。極め付けは1階から3階までの窓です。上下に窓枠が取り付けられていて、戦前の洋館の縦長窓を彷彿とさせます。

　ただ、これらは表面的な装飾ではありません。ベランダの部材には工場で生産されたプレキャストコンクリートを使い、合理化しています。全体の構成も機能的。中間の箱型にエレベーターや階段や水回りを集約し、右手にメインの宴会場など、左手に控え室などをまとめています。

　建物の形は、隣の乃木神社に圧迫感を与えないために3つの部分に分割され、神社から近い側が低くなっています。外壁も近隣にある乃木希典の旧宅に付属している赤レンガ造りの馬小屋に関連させたデザイン。明治初期の洋風建築のスタイルが、挙式・披露宴会場であることの特別感を、華美でなく感じさせます。

　1960年代後半に設計者はますます、一つの理念で押し切らないことが、民主主義の時代にふさわしいと考えるようになりました。これもまた戦後のモダン建築なのです。

乃木會館
Nogi Kaikan Hall

1968

大江宏
Hiroshi Oe

RC造 4階、地下2階

乃木神社の社殿と渡り廊下でつながっている。1962年に再建された乃木神社も大江宏が設計し、回廊を巡らせているのが特徴。1923年に創建された当初の社殿は父・大江新太郎の設計で、現在の国際文化会館の敷地にあった戦前の岩崎小彌太邸を手掛けたのも彼だった。

●ACCESS
港区赤坂8-11-27
東京メトロ千代田線
「乃木坂」徒歩1分

渋谷の真ん中のモダンな教会

トップライトとスリット状の窓から差し込む光の美しさ

商業施設の狭間に、これほど大きな礼拝の空間があるとは、なかなか想像できるものではありません。4階から上が礼拝堂で、ほぼ正方形の平面にびっしりと席が並び、それを囲むように5階・6階にも席が用意されています。空いているのはスリット状の窓だけで、だからいっそう、複雑な天井から抜けたトップライトの光がまばゆく感じます。

ここ渋谷に1000人が一度に礼拝できる教会があるべきではないかと、平山照次牧師は想像しました。中国で敗戦を迎え、復員後の1948年、東京山手教会を設立した人物です。

1966年に完成した建物は、2者の連名による設計です。一方はRIA。それまでの山口文象建築事務所から1953年に「Research Institute of Architecture」の頭文字をとったクールな名称に改めただけあり、建築の専門知識で問題解決にあたることを理念にしていました。教会が持っているT字型の敷地の奥に集合住宅を建設することで、あまり資金がなくても夢の礼拝堂が実現できる道筋を整えました。

もう一方が、残りの敷地に礼拝堂をデザインした毛利武信です。約20m四方しかない中で内部空間や集合住宅への通路を確保するために、四角錐が四隅に立った構造体を採用。それを内部と外部にそのまま露出しました。理想を抱いた人間が現実と格闘して生まれた形は冷静かつ、光に照らされて情熱的に映ります。

●ACCESS
渋谷区宇田川町19-5
JR・東京メトロ・井の頭線「渋谷」徒歩7分

●DATA
日曜礼拝　10:15〜

まるでパズルを解くように、狭い敷地に立体的に部屋を構成。建物の中央にある階段から、事務室などがある2階、集会室となった3階を通って、左右に分かれた階段で4階の礼拝堂に上がる。

日本基督教団 東京山手教会
Tokyo Yamate Church

1966

RIA建築総合研究所+毛利武信
Research Institute of Architecture + Takenobu Mouri

RC造 6階、地下1階

うねうね階段

1) 構造体である16本の斜め柱は1階の付け根ではほぼ等間隔の配置。上に行くに従って、四隅に収束する。その中を縫う裏手の階段が、まるで中世のゴシック教会の尖塔に続く階段のようだ。 2) ステージに上がる階段と床の絨毯のコントラストが鮮やか。

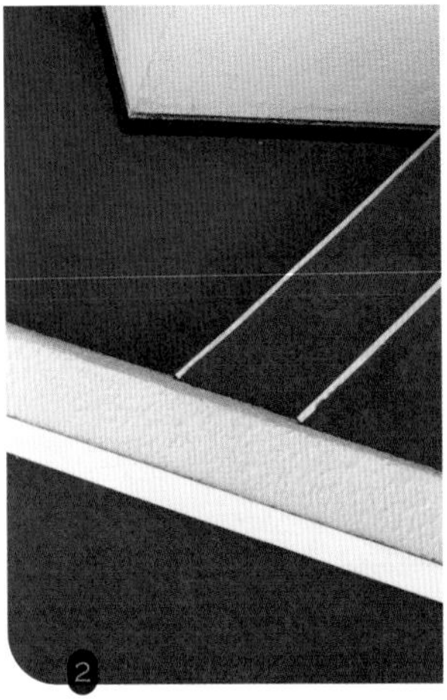

2

1

使い込まれた椅子

4階から6階まで所狭しと並べられた椅子は、できるだけ多くの人が一度に礼拝できるようにという心の表れ。半世紀以上、ここで数多の人々が祈りを捧げてきた。

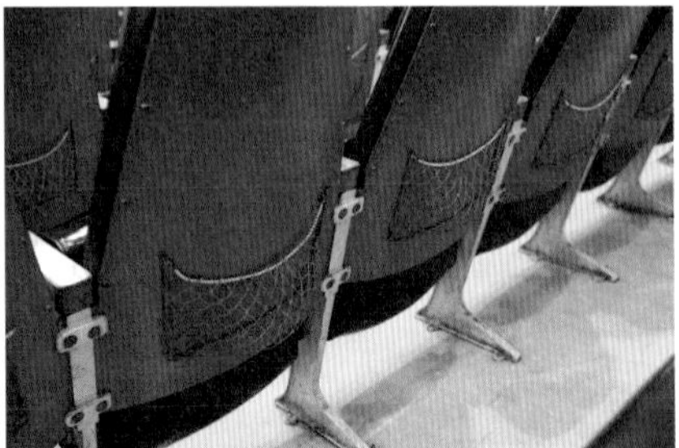

3

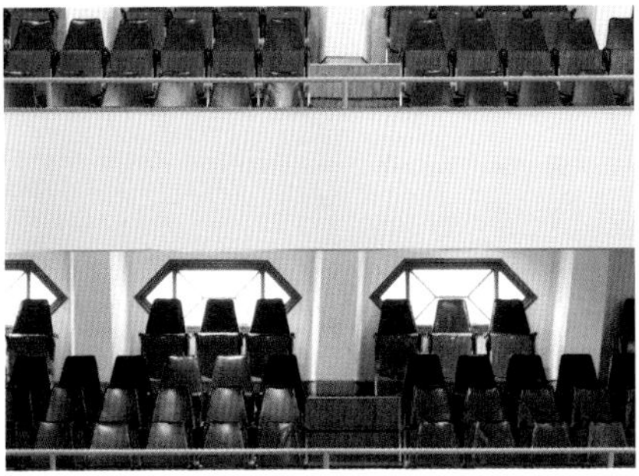

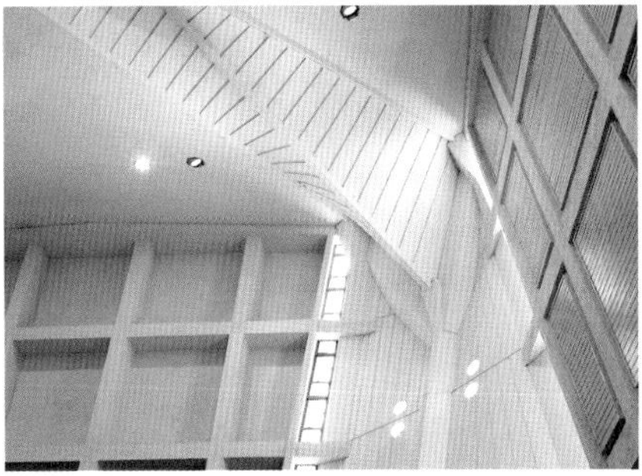

光を中へ

それぞれ4本の柱で作られた四隅の四角錐が折れ屋根と接合する。スリット状の窓は、四隅以外の壁面が屋根の重みを負担していないために開けることができる。外からの光が構造体をダイナミックに照らし出す。

モザイクタイル

モザイクタイル壁画があるのは、プロテスタント教会では珍しい。制作者は当教会で洗礼を受けた友山智香子。そのパイオニアとして知られる長谷川路可に師事し、大学在学中から長谷川による早稲田大学文学部校舎や日生劇場のモザイク装飾(共に建築設計は村野藤吾)を手伝った経歴を持つ。

疾走する未来感

雁行した外観にさまざまな要素が見え隠れする。一見すると複雑に見えるが、3.5m×3.5mの単位を基本として平面を計画し、台形の敷地に適合させていて合理的。

ビラ·ビアンカ
Villa Bianca

1964

堀田英二
Eiji Hotta

RC+SRC造 7階、地下2階

●ACCESS
渋谷区神宮前
2-33-12
JR「原宿」徒歩11分

1

明快な機能美
人気のヴィンテージマンション

組み立てて全体ができた感があります。コンクリートの梁が交差して、その上に大きなガラス窓が載っています。螺旋階段が取り付いています。1階ごとに間が空いていて、そこが広いテラスになっているのがわかります。テラスに突き出して細い窓が並んでいる八角形は、わかりづらいですが、中がシャワールームになっています。外からも機能と構成が明確だから、この集合住宅は爽快なのです。東京オリンピックの年、まだ車もまばらだった明治通り沿いに完成しました。

オリジナルのキッチンカウンター（P.92）も建物全体と同じです。コンロや換気扇、蛇口や燃料タンク状の下部収納などが組み立てられ、独特の装置として周囲に存在感を放ちます。

そのキッチンは、高速で動いていきそうです。重力を支えていないかのように細い脚元。曲面に仕立てられた木製の端部は、当時憧れのアメリカ車で1960年前後に一世を風靡したテールフィンを思わせます。クラフトマンシップを感じさせるキャンピングカーにも似ています。

最初、外に面した大きなガラス窓の内側はすべて障子でした。すると外観は日本の伝統建築の柱と梁の組み合わせにも見えてきます。西洋か日本かではなく、オリジナルの未来に疾走する爽快感。全体から決まっているのではない独自の集合住宅。団地とはずいぶん違っていて、民間の活力を感じます。

共用スペース

ガラスブロックの円筒形は屋上から1階までの吹き抜け。通常の集合住宅と違う、ゆったりとした共用部が生まれている。扉や階段手すりなどには個性的な形が用いられ、アクセントになっている。

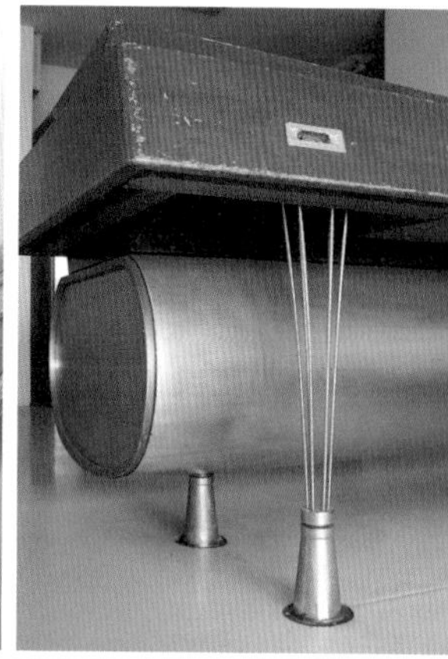

憧れの未来派キッチン

この集合住宅のためにデザインされたキッチンカウンター。それぞれの部分が自己主張している。向こうの窓には当初、障子が用いられていた。

屋上

周囲に高層建築がなかった完成当時、塔屋の1階のガラス張りの部屋からは、全てを眼下に収められたことだろう。広々とした屋上は現在も眺めが良く、突き出した円筒形も未来的だ。

エントランス

エントランスホールには那智黒石が使われていて、和風デザインも意識されているのが分かる。当初は石庭もあった。

ビラ・セレーナ
Villa Serena

1971

坂倉建築研究所
Sakakura Associates

SRC造 7階、地下1階

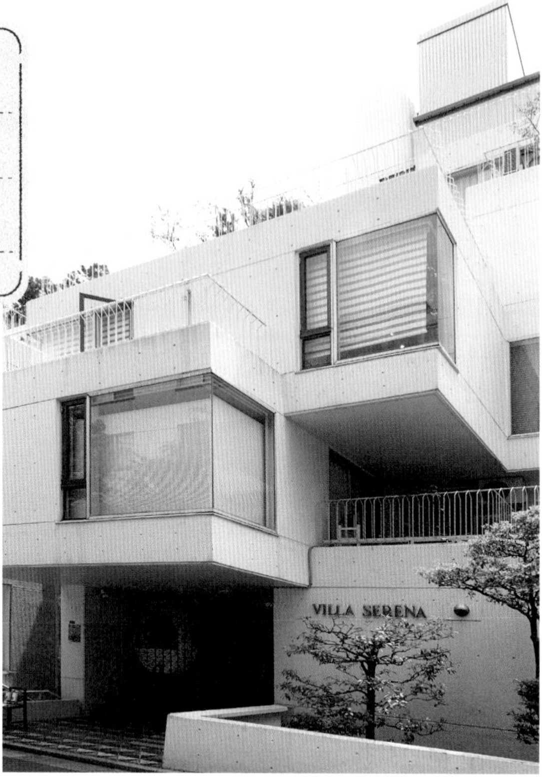

●ACCESS
渋谷区神宮前2-33-18
JR「原宿」徒歩11分

都市生活に開放感をもたらす、光庭

25戸からなるこの集合住宅の敷地は、その前には1戸の家でした。1960年代末に計画が始まった当時、明治通りを少し入ったこのあたりには大きな邸宅が並んでいたのです。高い塀が立ち、緑だけを覗かせ、閉じた静かな生活が営まれていました。

せっかく建てるなら、そうではない新時代の住まいを、と設計者は考えました。外側の壁が道路ギリギリまでせり出しています。鉄筋コンクリートを打ち放し、少し塗装を施しただけで、そのまま仕上げとしています。専門用語でコンクリートを流し込むことを「打つ」あるいは「打設する」と言うのです。外壁の一部は、窓枠などなしに大きなガラスの窓になっています。専門用語で出入り口なども含めて壁が開いた部分を「開口部」と呼びますが、そんな無機質な言葉がお似合いです。

工業化された素材で構成された外観は、びくともしない塀のようです。だから、塀はいりません。道路を歩く人々は、小さな窓から中が覗けてしまう気恥ずかしさを感じません。隠されている気分にもなりません。

道路ぎわに外壁を寄せたおかげで、住民が共有する光庭が敷地の真ん中にとれました。道路でも個室でもない空間によって、都市生活の開放感は増します。高層に暮らし始めた当時だからこそ、集まって住むことの意味を受け止め、戦前のレトロ建築とは異なるモダンな手法で応えています。

開かれた にぎやかな 暮らし

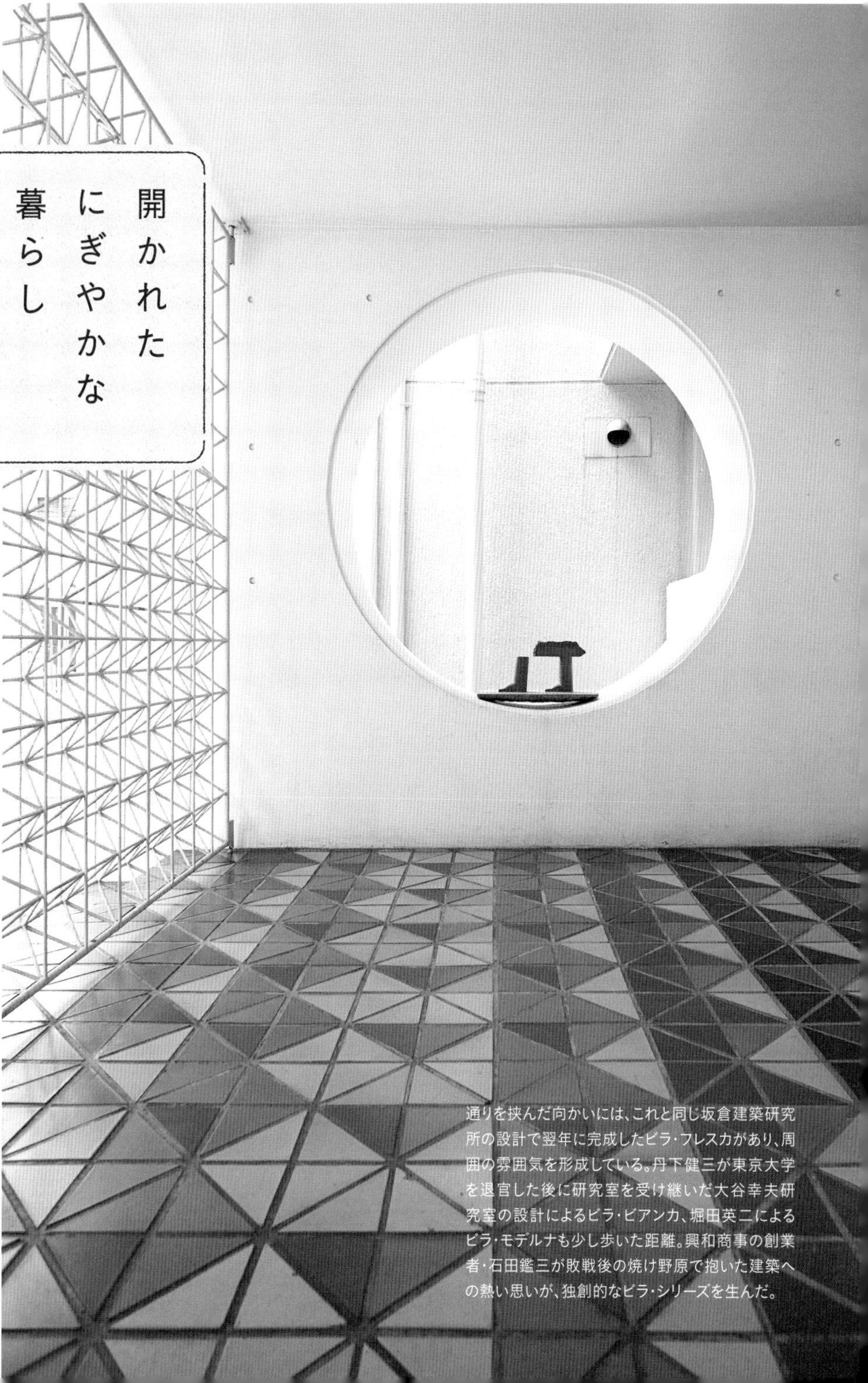

通りを挟んだ向かいには、これと同じ坂倉建築研究所の設計で翌年に完成したビラ・フレスカがあり、周囲の雰囲気を形成している。丹下健三が東京大学を退官した後に研究室を受け継いだ大谷幸夫研究室の設計によるビラ・ビアンカ、堀田英二によるビラ・モデルナも少し歩いた距離。興和商事の創業者・石田鑑三が敗戦後の焼け野原で抱いた建築への熱い思いが、独創的なビラ・シリーズを生んだ。

だまし絵のような……

中央の光庭や、そこから周囲の道路に通じるスリットは黄色。完成時には少し淡いレモン色だった。濃淡を組み合わせた床タイル、抽象的な線のように白い手すり、立体格子の扉。どれも幾何学的でありながら、近くで見るのと遠くからとでは異なって感じられる。人が動き、目線が変わることを想定したデザイン。

オリジナルの玄関ドアは木製。内装は部屋ごとにオーナーの好みでリノベーションされているが、バスルームのドアなど、オリジナルが残っているところも。

憧れの暮らしを司るドア

光庭には2つのエレベーターと階段がある。それぞれに上を目指して伸びていく。単にフロアを積むのでなく、垂直に重なって暮らすことを空間のおもしろさに変換した設計。

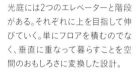

ギザギザの
外観がシンボリック

斜めに切ったガラス屋根が作り出す 個でありながらつながる形

　まず目を引くのは、ギザギザとした外観でしょう。視線を落とせば、タイル敷きの広場と樹木。機能的な個室と、それによって囲まれた南欧風の共用空間が合わさっています。部屋の広さは約13㎡から50㎡まで幅広く、最も多いのは約20㎡のタイプ。当時新開発のユニットバスを備え、オプションで収納ベッドや家具ユニットも用意されました。

　その後のワンルームマンションに先駆けながらも、それと違うのは部屋の外側を斜めに振っていること。奥に隠れ家のようなスペースができ、その上のガラス屋根から室内に光が入ります。こうした工夫によって、見られたくないという意識がカーテンによって表出されない、巣のような外観が生まれました。

　個でいることと、つながること。2つの都会らしさの両立は、来訪者とゆったりと会えるラウンジスペースにも現れています。居住者が仕事の合間に行けるようにと、広場に面してレストランも作られました。店舗が変わった今も、未来感と憩うことが自然に接続しています。

　名前の「ビラ」はイタリア語で「郊外の邸宅」を指します。その形容詞となっている「モデルナ」は「現代の」といった意味。一見、矛盾するような理想をデザインで解こうという姿勢がモダンです。クリエイティブです。地下1階のラウンジでは今日もクリエイターたちが、明日を目指して打ち合わせをしています。

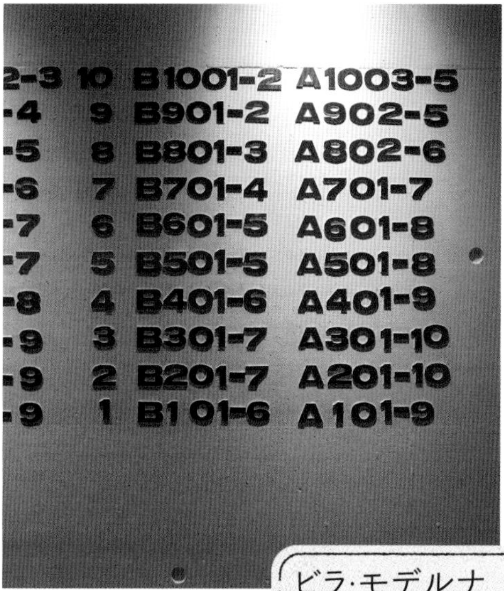
10 B1001-2 A1003-5
9 B901-2 A902-5
8 B801-3 A802-6
7 B701-4 A701-7
6 B601-5 A601-8
5 B501-5 A501-8
4 B401-6 A401-9
3 B301-7 A301-10
2 B201-7 A201-10
1 B101-6 A101-9

ビラ・モデルナ
Villa Moderna
1974
坂倉建築研究所
Sakakura Associates
SRC造 10階、地下2階

●ACCESS
渋谷区渋谷1-3-18
JR・東京メトロ・井の頭線
「渋谷」徒歩10分

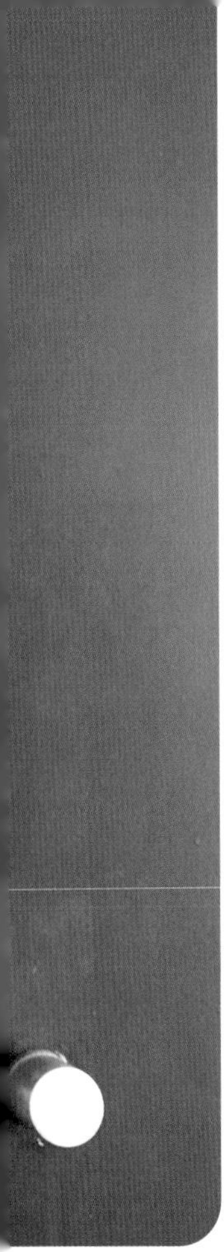

シャキッとモノトーン

室外に傘入れが組み込まれているなど、当時ならではの手作り感が満載。ドアのビラ・モデルナの紋章「M」にネームプレートが入るという仕掛け。室内からも窓の形は特徴的だ。

回転ドア

入り口は1974年の完成からずっと回転ドア。モダンなガラスにタイルの味わいが反射する。円形のモチーフが繰り返される化粧室ドアのレタリングも味わいあり。

1）エントランスにあるホテルのような受付。状差しが連なる。1階のラウンジには外の広場と同じ緑色のタイルが敷かれ、ガラス張りにより開放感を高めている。 2）味のあるテーブルは、以前ここのレストランで使われていたもの。

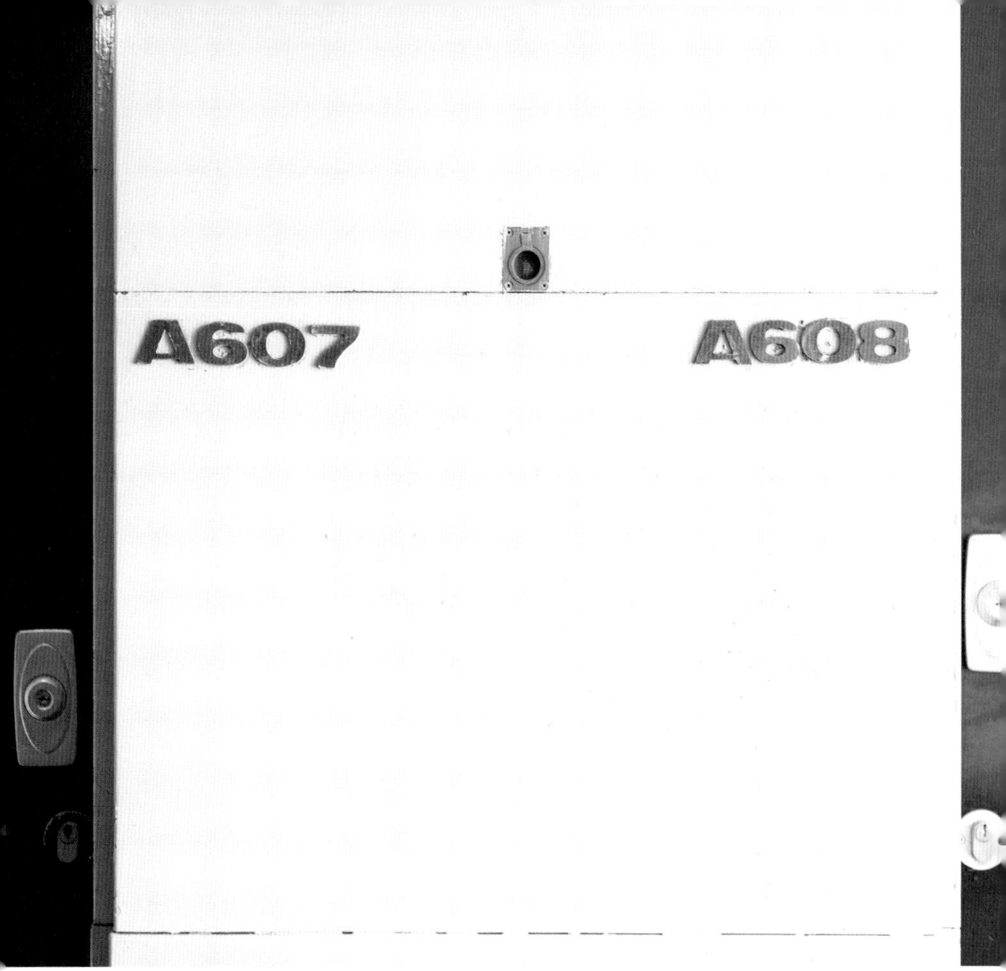

南欧風のモチーフ

完成時のパンフレットで強調されているのが、「個人の社会の接点"パブリック・スペース"」。単なる表面的なヨーロッパ「らしさ」ではなく、都市の中に新しい中間領域を生み出そうという挑戦が、今も新鮮。

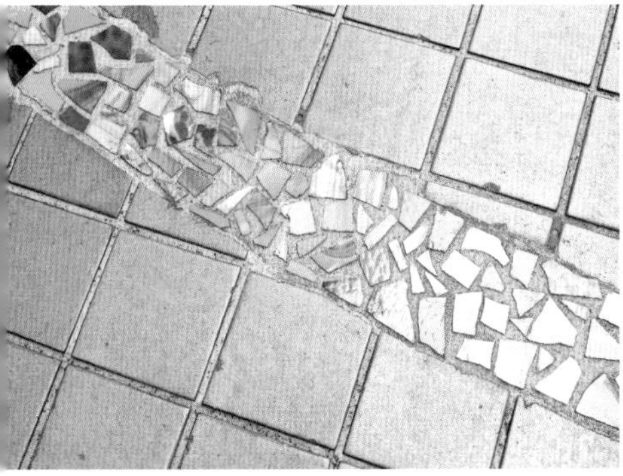

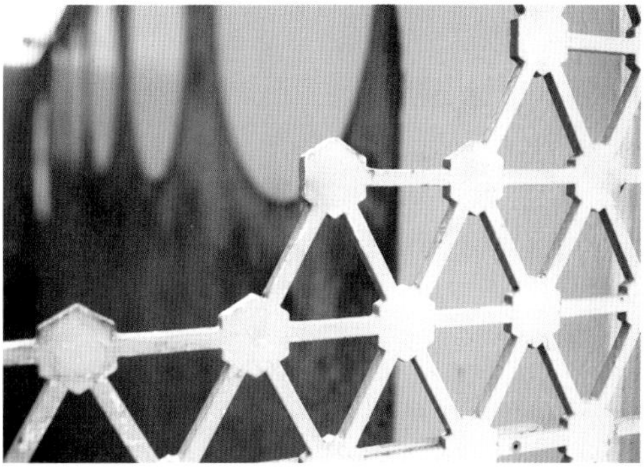

さまよいたい モード系ビル

「FROM-1st」というサインデザインはオープン時と変わらず、壁に看板1つ追加されていない。オリジナルのデザインを尊重することで、商業的にも成功している。中央の吹き抜けに液体のように満ちる光。回廊のところどころにせり出した三角形や四角形が単調さを崩す。歩き回ると、さまざまな風景が広がる。

都市洞窟という言葉がピッタリ

時間と空間の感覚を失わせる建築です。まず、新しいのか古いのかがよくわかりません。壁や床、階段まですべてが陶器質タイルで覆われています。レンガのような素材感で、ピカピカにモダンというのとは異なる雰囲気。ただ、経年変化が目立たないので、オープンから40年以上経った建物には見えないでしょう。いつまでも新しくあることを目指したモダンの理想を体現していると言えます。

直線を基調としているのも、デザインが古びない理由です。エントランスを抜けると、薄暗がりの奥に空がのぞいています。中央の吹き抜けに沿った廊下から各店舗や事務所に入ります。素材を統一しているので、まるで大きな塊からくり抜いたかのようです。設計者は「都市洞窟」と呼んでいますが、幾何学的で、写真の上下左右を混同しそうな造形はあくまでモダン。細かな形がないので、スケールが不明瞭です。さまよって魅力的な空間になっています。

自由業の人たちの生活と仕事の場所を作ろうという、伝説的な赤坂のディスコ「MUGEN」や東急ハンズをプロデュースした浜野安宏によるコンセプトを、建築家の山下和正が形にしました。この界隈が商業化する起爆剤となった建物です。今も最先端のショップが入っています。純度の高い建築として作られ、保たれていることで、東京には珍しいタイムレスな場所であり続けています。

フロムファーストビル
From-1st Bldg.

1975

山下和正
Kazumasa Yamashita

RC+SRC造 5階、地下2階

●ACCESS
港区南青山5-3-10
東京メトロ銀座線・千代田線・半蔵門線「表参道」徒歩3分

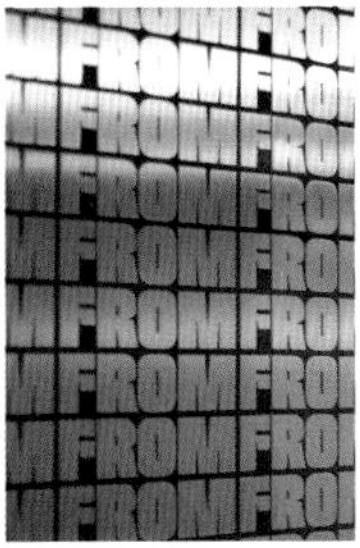

ナウなロゴ

エレベーターの扉にもオリジナルのロゴが残る。ピカピカの作りと質感のある陶器質タイルとの組み合わせが、時代感を混乱させる。

●ACCESS
港区六本木5-11-16
都営大江戸線「麻布十番」徒歩5分、東京メトロ日比谷線「六本木」徒歩10分

戦前からの名庭に向き合う

国際文化会館

International House of Japan

1955

坂倉準三＋前川國男＋吉村順三

Junzo Sakakura＋Kunio Maekawa＋Junzo Yoshimura

RC造 3階、地下1階

物語の始まり

1

2

1) 岩崎小彌太が所有する以前には資産家の赤星鉄馬が暮らし、その前は久邇宮邸として香淳皇后(昭和天皇の皇后)がお生まれになり、井上馨の所有だった1887年には初の天覧歌舞伎が行われた土地。歴史の重みに軽やかに対峙している。 2) 岩崎邸から引き継がれた庭園は港区の名勝に指定されている。京都の無鄰菴(山縣有朋別邸)や平安神宮神苑などを手がけた小川治兵衛、通称「植治」の庭を、大きなガラス窓と木製のサッシが引き立てる。

由緒正しく成長してきた建物

館内のどこにいても、都心とは思えないほどの緑が味わえます。広大な日本庭園は昭和初め、三菱財閥最後の総帥・岩崎小彌太の洋館に合わせ、名造園家の小川治兵衛が作庭したもの。国際文化会館は、そんな戦前からの名庭に向き合い、日本と世界の人々の間の文化交流と知的協力を通じて国際相互理解の増進をはかることを目的に1955年に開館。今も活動を続けています。

以前の洋館では考えられなかった大きなガラス窓を使うことで、環境を生かした明るい内部になりました。平らになった屋上を効果的に用いて、広いテラスから外部までがつながるかのようです。部屋が一列に並んでいたり、テラスの手すりも同じ形の繰り返しだったりとモダンに機能重視。考え抜かれた形が、清らかな美しさです。建築の空間構成そのものが、立体的な庭園と相互調和しています。

設計したのは、戦前にパリのル・コルビュジエのもとで学んだ前川國男と坂倉準三、それにアントニン・レーモンドに師事した吉村順三。その後は二度とない大家の共同設計で作られました。設立者のひとり松本重治の尽力で都心の大きな敷地が継承されたことも、アメリカのロックフェラー財団の巨額の寄付で実現したことも、終戦から10年しか経っていない当時ならでは。文化的に再出発しようという戦後の誠実さが、日本庭園の美を引き立てています。

日本庭園が楽しめるロビー(左下)とティーラウンジは、屋上庭園を介してつながっている。透明なガラスの効果を最大限に発揮。宿泊者用非常階段(上)も光に満ちている。

増改築部分

壁の大谷石は昭和前半期の日本のモダン建築が好んで用いた素材。2006年に終了した保存再生工事では、こうしたデザインや素材も丁寧に継承された。

贅沢なひとときを

日本庭園を上から眺めるティーラウンジ(右)と緑に近づけるレストラン(左)は、会員以外も利用できる。ティーラウンジの家具は、当時坂倉準三建築研究員だった長大作のデザイン。

●DATA

●ティーラウンジ「ザ・ガーデン」
営業時間:7:00〜22:00

●レストランSAKURA
ランチ:11:30〜15:00
ディナー:17:00〜21:00

多様な世界との知的対話、政策研究、文化交流の促進を図る国際文化会館では、人と人との出会いや交流を育む、レストラン、会議宴会場、宿泊、図書室などの施設を兼ね備えています。詳細は公式サイト(https://ihj.global/)をご確認ください。

きっぱりと潔い四角い箱

モザイクの広場があるC棟は第2期1973年にオープン。当時からある「トムスサンドウィッチ」「クリスマスカンパニー」は今も健在。

住み心地の良さとモダンの共存

1969年に誕生した白くて四角い箱は、人々に驚きを与えました。その頃の代官山は現在のようににぎわってはおらず、瓦屋根の日本家屋が目立つ屋敷地だったからです。「これがモダンというものか」と完成したてのA棟・B棟を見て思ったと、建築家の元倉眞琴は言います。2年後に元倉が槇総合計画事務所に入った頃、73年に第2期としてオープンするC棟の設計は佳境。その後、第3期にあたる77年のD棟・E棟の設計を担当し、独立後にヒルサイドテラス・アネックスの設計を任され、85年に完成させます。

住まう場所としての伝統を受け継ぎながら、それ以外はきっぱりと斬新な建物です。エントランスロビーは透明なガラスの箱で、隣の広場は塀もなしに公道に連続しています。平らな屋根に突き出た三角形はトップライト。B棟は当時の日本にはまだほとんどなかったメゾネット形式の住居です。用途緩和の許可を得て店舗も設け、程よい大きさのテラスや通路で散策できるようにしました。最初は人もまばらでしたが、やがて社会が理想に追いつきます。

いつまでも新しいモダンの可能性を信じさせてくれるのは、この地の旧家である朝倉家と、30歳代から90歳近くになる現在まで一貫して信を得ている建築家・槇文彦の協力の賜物です。変化を可能にした道と広場、その上に未来を切り拓く意志が、シャープな形となって現れています。

代官山 ヒルサイドテラス

Daikanyama Hillside Terrace

1969(A&B), 1973(C), 1977(D&E)

槇文彦

Fumihiko Maki

RC造 3階、地下1階・地下2階

●ACCESS

渋谷区猿楽町29-18

東急東横線「代官山」徒歩3分

1

街路のような内部

1）道路より少し低い広場からガラス張りのA棟エントランスロビーへ。右手の階段でB棟のペデストリアンデッキに抜けることも、左手から奥まったサンクンガーデン（P.111）に出ることもできる。土地の高低差を生かし、内部と外部がいろいろなルートでつながっているから、歩いていて楽しい。　2）サインデザインにも約半世紀前のオープン当初から気を配っていた。最初のデザイナーは粟津潔で、C棟中庭の赤と白のタイルのパターンも粟津によるもの。現在の人の形をしたテナントサインを手がけたのは太田幸夫。「非常口」の国際規格サインをまとめた人物と聞けば、簡潔でいて動き出しそうなデザインにも納得だ。

ABCD……

2

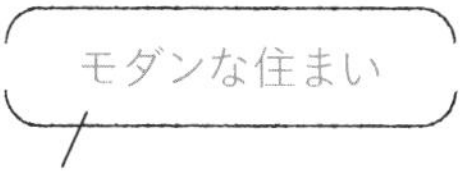

1969年から77年にかけて完成したA〜E棟と、旧山手通りを挟んだ北側に1992年に建てられたF・G棟の中には、全部で48戸の住宅がある。店舗との間に明確な一線を引くのではなく、開口部や通路のデザインによって関係を調整している。暮らす、仕事する、売り買いする、人と話す……。モダンデザインが人間の幅広い行動を包み込む。

B棟とC棟の間にあるタイル張りの円筒形は、地下の多目的ホール「ヒルサイドプラザ」への入り口。生垣の向こうに旧朝倉家住宅の瓦屋根がのぞく。東京府議会議長や渋谷区議会議長を歴任した朝倉虎治郎が1919年に建てた住宅で、国の重要文化財に指定されている。

力強い構造体が迫りくる

設計者は現在のチェコ生まれで、1919年、帝国ホテルの設計を手掛けたフランク・ロイド・ライトの助手として来日。戦時中はアメリカに戻っていたが、1948年に再来日し、戦前・戦後のモダン建築を牽引した。

カトリック目黒教会（聖アンセルモ教会）

Catholic Meguro Church

1956

アントニン・レーモンド

Antonin Raymond

RC造 2階

●ACCESS

品川区上大崎4-6-22
JR・東京メトロ南北線「目黒」徒歩2分

●DATA

ミサの時間
日曜日　7:30/10:00/12:00(英語)/17:00
平日　7:30
土曜日　7:30

「らしさ」を離れ モダンを追求

戦後、自由が回復されて、教会が再び建てられるようになります。キリスト教の教団が備えている国際的なつながりと慈善の精神は、一般の建物以上に早い時期の再建を後押ししました。ただし、戦後の教会は、戦前の単なる延長ではありません。もっと自由な形式が試みられます。

コンクリートの地肌がむき出しになっています。ギザギザした壁と天井の形も、力強さを強調しています。堂内に突き出した部分は中が空洞になった三角柱です。9本の柱がグーッと伸びて、天井で三角形の梁に変わります。これが弧を描く屋根と一体になって、構造を支えています。

同じ鉄筋コンクリート造でも、戦前の教会は大概、十字型の平面で、中央の天井が高く、装飾で覆われていました。そこからすると、これは教会らしくありません。私たちが目にしているのは構造そのものの形なのですから。高さと幅が共に50尺（15.15m）であることを強調し、聖壇の背後に正円が描かれています。

信者たちが集まれる空間は合理的に構築され、長い窓からの光が十分なだけの光を届けます。建築が外界からの拠り所であるというありがたみが、胸に迫ってきます。光射す方へと祈り、集うことの原点を追い求めているかのようです。「らしさ」を離れて、モダンに希望を見出した戦後教会、その早い時期の代表作は、同時に計画された集合室棟とともに健在です。

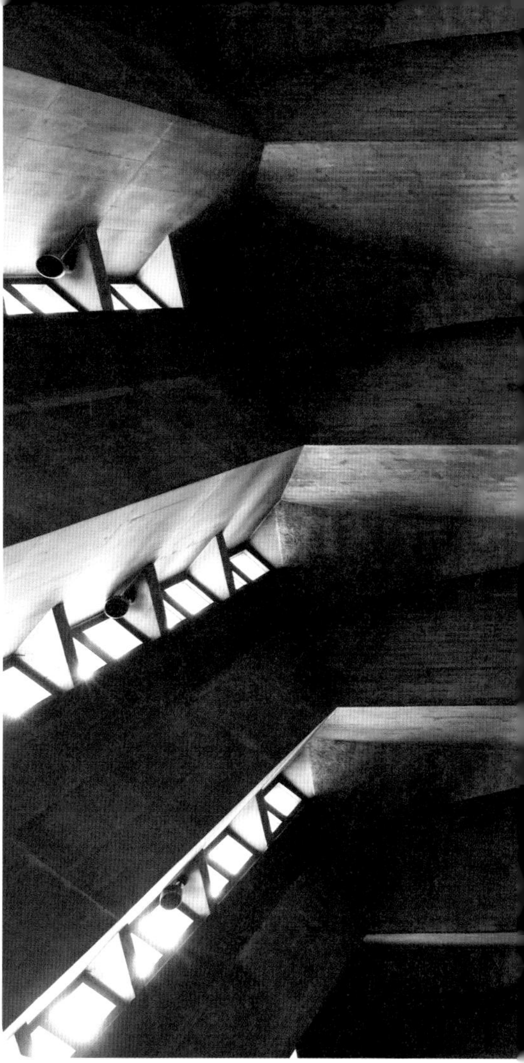

美しい祈りの場

金箔貼りの天蓋や打放しコンクリートの説教壇などもレーモンドのデザイン。手を象徴的に図像化した「キリストの道行きの祈り像」は妻のノエミ・レーモンドによるもので、錬鉄と錆びさせた鉄を用いている。

Column

建築家ものがたり 1 村野藤吾

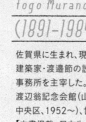

Togo Murano (1891-1984)

佐賀県に生まれ、現在の福岡県北九州市で育つ。早稲田大学を卒業。建築家・渡邉節の設計事務所を経て、1930年に独立し、大阪で設計事務所を主宰した。国の重要文化財に指定されているものに、宇部市渡辺翁記念会館（山口県宇部市、1937）、高島屋東京店増築（東京都中央区、1952〜）、世界平和記念聖堂（広島市中区、1954）がある。

【本書掲載=日本生命日比谷ビル　日生劇場→P.40／目黒区総合庁舎（旧・千代田生命本社ビル）→P.68／麹町ダイビル→P.174】

様式からの解放を唱え実践しつづけた

「様式の上にあれ！」と村野藤吾は27歳で書きました。渡邊節の建築設計事務所に入所して2年目、1919年のこと。

文章をさらに読み進めると「様式に関する一切の因習から超然たれ！（中略）すでに過ぎ去った様式でもまた現代の様式でも、様式という様式の、一切の既定事実の模写や、再現や、復活などという、とらわれたる行為をよせ！」と若々しい。「様式」にとらわれるなと言っていますから、モダンです。「現代の様式」とあえて表現し、モダンが単なるスタイルになり下がることも牽制しています。後の方では「多くの人間の血と肉とを下積みとして、ただ一人の資本家は微笑み、冷静なる科学者は己が計算に誤りなしと誇っている」と資本や科学にも批判的。

長寿をまっとうした建築家は少なくありません。でも、村野のように戦前から1984年に93歳で没するまで長く現役で、最新の作品が待たれた建築家は稀です。彼が初めて発表した先の文章「様式の上にあれ」を読めば、秘訣は明らか。様式に依存しない姿勢で、時代を先駆け、同時にモダンにも、資本にも、科学にも全面的に乗じない強さを持っていたのです。

こうした姿勢が、村野に民間の建築家としての成功を与えます。大学の教員になったり教科書を書いたりといったこととは縁遠く、オリンピックや万博などの国家的行事に呼ばれることはありませんでした。その代わり、伸びゆく戦後の鉄道事業者、百貨店や生命保険会社などの信頼を得て、優れた建築を世に送り出しました。

多作な村野ですが、作品に優等生の退屈さはありません。施主に寄り添いながら、託された資本で、所有者だけに帰属しない良さを生み出しているのです。数えられる量ではなく、数えられない質で、人間の心の原理に働きかけます。そして、とびきりモダン。晩年まで新しい素材やデザインを持ち込んでは、新製品好きな人々を刺激しました。

村野はモダンな社会の反映者でした。昭和の日本に村野がいたことは幸運でした。発展期に特有の個性的な事業家たちの野望、庶民の夢見る心は、若き日に言い放ったことを実現しようと技を磨き続けた設計者を通して、建築のデザインに固定化され、今も私たちが出会うことができます。

Column

建築家ものがたり

2 大江宏

Oe Hiroshi

(1913-1989)

秋田県に生まれ、父・大江新太郎が大修繕工事監督として関わった日光東照宮などで育つ。1948～84年に法政工業専門学校建設科教授、法政大学工学部建築学科教授を務める。本書掲載以外の現存作品に、香川県文化会館（香川県高松市、1965）、角館樺細工伝承館（秋田県仙北市、1978）、国立能楽堂（東京都渋谷区、1983）などがある。

【本書掲載＝東京さぬき倶楽部（旧・東京讃岐会館）→P.74／乃木會館→P.82】

応用しやすい工学的なデザインの初期リーダー

大江宏と丹下健三は東京帝国大学の建築学科の同級生。「設計の時間になると、セピア色の特別なペンを持ってきて（中略）それが絵になるわけですね。こういうのがいるんじゃかなわいなと思って」と後になって丹下は回想しています。

特別なペンは、父・大江新太郎から受け継いだもの。新太郎は、東京帝国大学の建築学科を卒業し、日光東照宮の修復や数々の設計で知られた建築家です。中でも《明治神宮宝物殿》（1921）は、鉄筋コンクリートという新構造に校倉造や寝殿造の要素を盛り込んだ意欲的なデザインで有名です。

大江や丹下は、戦後復興と共に実作をスタートさせた世代でした。大江は文系で始まった法政大学が戦中戦後の工業重視で新設した工学系に教員として迎えられ、同校の建築学科の基礎を築きます。箱型に大きなガラス窓の《法政大学53年館》（1953）を設計。続く55年館、58年館なども任せられ、戦前とはまるで違う、技術主義、民主主義の時代の象徴のようなキャンパスを生み出しました。

当時のモダン建築の傾向は、誰が応用しても復興の手助けになるような工学的な模範解答。大江は最初にそのリーダーとなり、誰よりも先に降りました。《香川県文化会館》（1965）は、直接的に連子格子や西陣織といった和風を公共建築に導入した異色作。しかも、モダンなコンクリート打ち放しの柱と、西洋の伝統を思わせる御影石の壁を併用しています。それでも部分に引き裂かれずにまとまっているのが、建築家の腕です。

結局、大江は生まれ持ったペンの冴えに回帰しただけなのでしょうか。そうは思いません。父から譲られたものは、住宅への関心と、公共的なものを設計するのが建築家だという責任感。そのうえで、二つの接続は息子のほうが自然です。

1960年代以降の作品では、中近東の要素などを含む多様な部分を、住宅のように空間の間合いを調整することで共存させています。それが訪れた者に画一的でない経験を与えます。国際的、空間的で人間的。モダンの性格を保持しながら、人間を社会の1パーツに仕立てる工場のようなものではない、建築の公共性とは何かを追い求めた建築家です。

Column

昭和なサイン

1）代官山ヒルサイドテラス(P.110)　2）麹町ダイビル(P.174)　3）宮崎県東京ビル(P.128)　4）有楽町ビル(P.26)　5）国際ビル(P.26)　6）中銀カプセルタワービル(P.58)　7）代官山ヒルサイドテラス(P.110)　8）ニュー新橋ビル(P.20)　9）NTT霞が関ビル(P.50)　10）帝国劇場(P.34)　11）新橋駅前ビル 1・2号館(P.16)　12）東京文化会館(P.138)

2

1

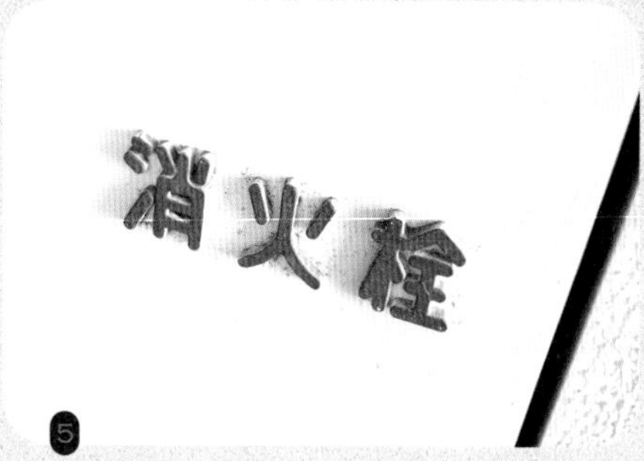

5

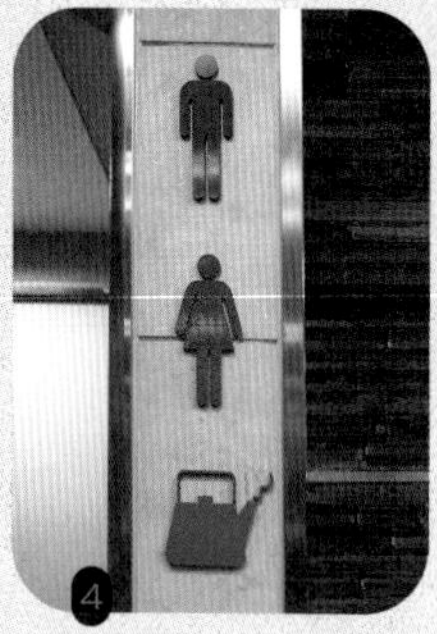
4

3

9

8

7

6

12

11

10

Area-3

エリア2

上野·皇居周辺エリア

Ueno, Around The Imperial Palace

単純に格好いい クイーン・オブ・ビル

発射する?

円筒形のコアには、中央ホールのまわりに8台のエレベーターと階段が配置されている。左右2カ所に集約されたエレベーター呼び出しボタンは、コンピュータ制御に対応して1998年に導入された。完成時の未来デザインが受け継がれ、進化を続けているのだ。

パレスサイドビルディング

Palaceside Bldg.

1966

日建設計工務/林昌二

Nikken Sekkei/Shoji Hayashi

SRC造 9階、地下6階

●*ACCESS*

千代田区一ツ橋1-1-1

東京メトロ東西線「竹橋」直結

あの白い円筒の内部には オフィス空間を支える機能が

建築はコンテストではありませんが、日本一美しいビルだと思うのです。

その名の通り、皇居脇という最高のステージに建っています。遠くから、隣を走る首都高速から、見つめられ続けて半世紀。それにしてもこの透明感と言ったら……。

外壁のほとんどがガラスでできています。高さ2.4m×幅3.2m×厚さ15㎜と、当時としては日本最大の寸法と厚み。眺望の中に浮上して仕事をしているような感覚に、「当時としては」などという限定は必要なさそうです。単純に格好いい。

外側で横に走るルーバーと縦に続く樋が、そんな透明さを支えています。日差しを入れすぎず、雨で汚させず、機能が目に見えているので、メンテナンスも容易です。細かな部材の集積は、現在ではあり得ないくらい横に長いビルのプロポーションをスマートに引き立てる効果も。

それと対照的に、白い円筒形の印象が強く刻まれます。四角に対して円、透明に対して壁、そして大きさが不明瞭です。中にはエレベーターや階段、トイレなどオフィス空間を支える機能が集約されています。見通しのきく内部を作り、複雑な用途をまとめあげています。

このビルの透明感は、構成の明快さから生まれたもの。形にも部材にも理由があって、それがあるべきところにある感覚。すっぴんで知的。モダンの美は内面からの美です。

東正面には幅6mの大理石の階段。そこから地下1階に下りたところで大理石の厚い壁が大きくくり抜かれているのは、圧迫感を与えずに男女のトイレ入り口を隔てるという設計者・林昌二氏自慢のアイデア。柱の角や手すりなどのディテールにも技が光る。

光るアイデア

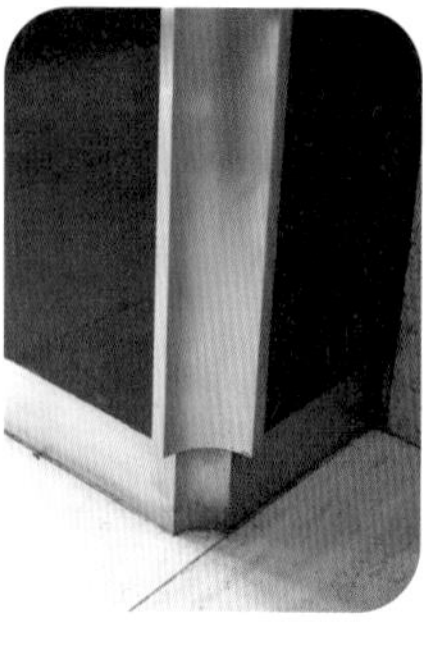

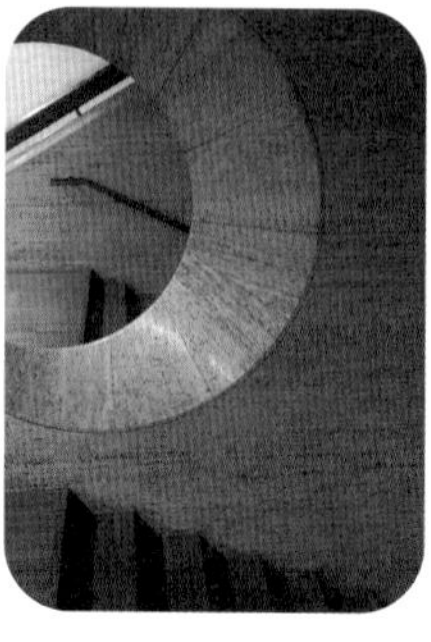

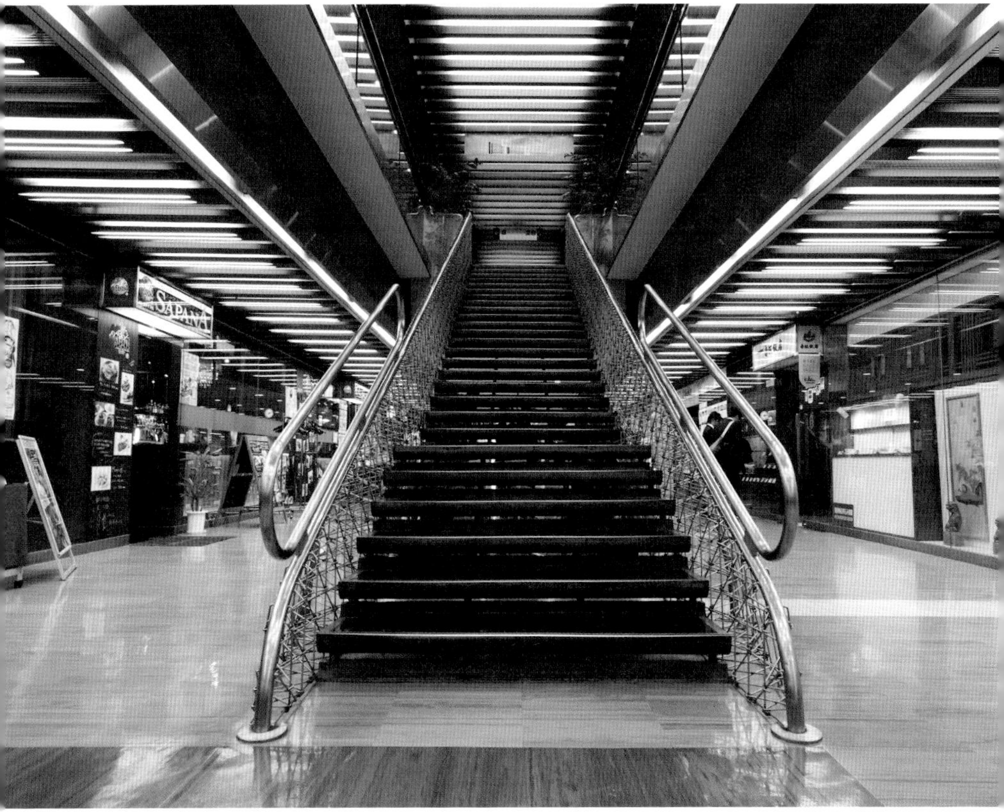

美しい特注品は、地下1階と1階の食堂・商店街の吹き抜け空間にも。ステンレスの細い棒を網のように編んで支持することで、空中に浮いているような階段が実現した。名付けて「夢の階段」。

夢の階段

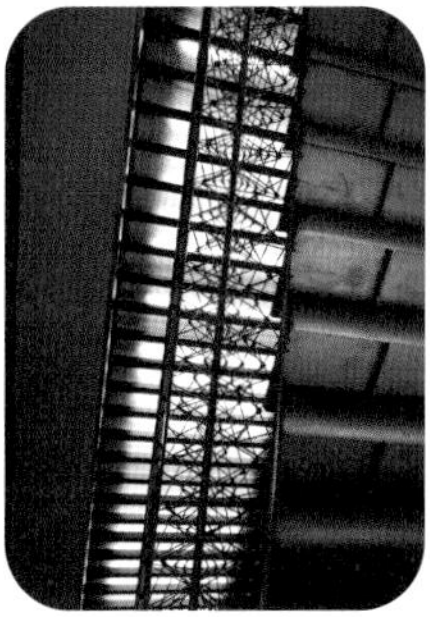

オフィスビルとしての顔も

2つのコアから一直線に走る中廊下。今も最新のオフィスビルとして機能している。地下1階と1階に食堂・商店街、その下には印刷工場を備える複合施設。

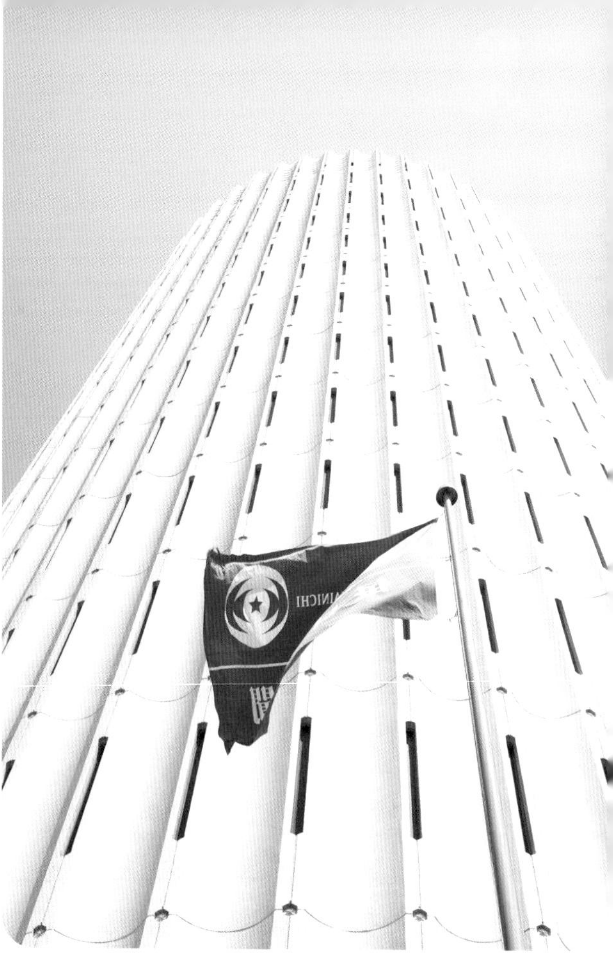

円筒形部分には……

円筒形は1周が56枚のパネルで構成されている。つまり溝は56本。すぐ内側はトイレになっていて、最新式に改められていても、外に見える隙間から光が落ちる仕組みは健在。西玄関の庇にも注目してほしい。大きな傘が差し掛けられているようで工業的、そしてチャーミングだ。

屋上

エレベーターなどが入るコアを通常のように中央に置くのでなく、2つの円筒形として端に設けたことで実現した広い屋上。現在、11時から15時まで一般の人にも開放されている。芝生に置かれた3つの石は、以前ここにあったリーダーズダイジェスト東京支社の庭から移したもの。庭園をアレンジしたのはイサム・ノグチ。

内と外がレンガでつながる

1

2

1）外側と内側というのではなく、内外の素材を共通させてガラスで仕切るのが、モダン建築の特徴の1つ。部屋の内外に続いているレンガはマンガン入りの特注品。外側の日よけもこのビルのためにデザインされた。　2）日よけのルーバーと縦樋は腐食に強いアルミ鋳物。樋を出すことで、建物内への漏水を防ぎ、間を空けてゴミなどによる詰まりを避けている。精緻に組み合わされ、見る角度によって表情が変化する。

宇宙的な外観

住む人を守るようなタフな外観

宮崎県東京ビル
Miyazaki Prefectuer Tokyo Bldg.

1972

坂倉建築研究所
Sakakura Associates

SRC+RC造 10階、地下2階

●ACCESS
[旧所在地]
千代田区九段南4-8-2
※現存せず。

外側とは対照的に内部は淡い色彩で優しい

硬い殻で身構えているようにも見えます。東京勤務の宮崎県職員の住宅、宮崎県出身の学生寮、宮崎県から上京した人のための宿泊施設という3つの機能を収めて、1972年に完成しました。

側面は窓一つない打放しコンクリート。完成時には木造の一軒家ばかりだった周囲も今やこれより高いビルばかり。街が変わっていくと予測したのは正解だったようです。

建物に近づくにつれ、印象が変化します。1階部分が大きく開いて、道路からつながっています。直接2階まで行ける外部の階段もあります。建物の下部に人の動きが入り込んだような造りです。

そのまま進むと、見上げてしまう光景に遭遇します。道路側の8階建てと裏手の10階建ての間が吹き抜けの中庭になっているのです。5階部分の渡り廊下が囲まれた安心感を作っています。2棟を連結する構造の機能があるので頑丈な造りなのですが、空間の設計としても効いています。

建築は硬い大枠を築くことで、柔らかいものを内側で守ろうとしています。華奢なガラスボックス、そこで育まれる居住者の親密さ、歩み、淡い色のインテリア、宮崎県章や文字を通じた心理への直接の働きかけなどがそれです。

近代的な環境が前提になるにつれて、それまでは弱く柔らかく建築の主題と見なされなかった要素を導入しようとします。モダンの大枠は守りつつ。そんな時代の建築です。

不思議なドア

現在はドアが取り付けられているが、大きな鍵穴のような開口部は、2階に用意された子どもの遊び場の通り抜け部分（右）。今も残る「手洗」（左下）の他、女性浴室の入り口には「女浴」、1日宿泊棟の入り口には大きな「泊」の文字など、大胆なロゴタイプが施されていた。

1) 鉄骨のトラス梁が入った堅牢な渡り廊下が、中庭の視覚的なポイントとしても機能している。内側は学生寮の憩いの場から続き、住宅部分とをつなぐ娯楽室。子どもの遊び場やロビー、ラウンジと共に、中庭を介した立体的な視線の交差が意識されている。 2) 都市的な外観から一転して、内側は人間に対して親密。エントランスでは「おかえりなさい」とでも言うように宮崎県章と緻密なタイルが出迎え、ロビーでは立体的な空間が溜まり場を創出する。繊細なガラスや淡い色彩に、坂倉準三なき後の坂倉建築研究所の方向性が伺える。

吹き抜け

未来的なロビー

言わずと知れた世界文化遺産

本館は、国内唯一の巨匠ル・コルビュジエが設計した建築作品。2007年に戦後、都内に建てられたものとしては初めて国の重要文化財に指定。2016年には東京で最初の世界文化遺産に。

●ACCESS
台東区上野公園7-7
JR「上野」徒歩1分

●DATA
開室時間:
9:30〜17:30
金・土曜日　常設展・企画展とも20:00まで
※入室は閉室の30分前まで
休館日:月(休日の場合は翌平日)、年末年始
https://www.nmwa.go.jp/

国立西洋美術館
The National Museum of Western Art

1959/1979

本館/ル・コルビュジエ
Le Corbusier
新館/前川國男
Kunio Maekawa

本館／RC造 3階、地下1階
新館／RC造 2階、地下2階

光のドラマと ル・コルビュジエの熱情

2016年に「ル・コルビュジエの建築作品ー近代建築運動への顕著な貢献ー」の構成資産として、世界文化遺産に登録されました。

戦後、第二次世界大戦中の敵国人財産としてフランスの国有財産となった松方コレクションを寄贈返還するにあたり、建設された美術館です。

頭で捉えると、中身と外見がズレていそうな気もします。設計者のル・コルビュジエは伝統的な芸術らしさを乗り越えた20世紀を代表する建築家の一人。展示されているのは、中世から20世紀にかけての絵画・彫刻を中心とした松方コレクションに加えて、彼が反抗したルネサンス以降のアカデミックな芸術なのですから。

最初の展示空間「19世紀ホール」は光が劇的です。見上げれば三角形のトップライトがあって、外光が鋭角の切れ込みを強調しています。

ここに来る前には、対照的に天井の低い外部のピロティをくぐり、それ以前にはやはり鋭い幾何学の外形を太陽の下で見てきたのでした。

2階展示室の陰影を生んでいるのは建設当時からの日本人の反対を押し切り、外光を導入するために設計した装置です。

建築の内外をつなげて考える姿勢や工業主義は、確かに19世紀以前にはなかったもの。しかし、光のドラマへの志向はアカデミックな絵画の明暗法とも通じています。表面的な機能を超えた建築を、新しい形で目指したル・コルビュジエの熱情がわかる美術館です。

階段とスロープ

床が傾いたスロープ、緩やかな階段、急な階段。人が上下する装置は空間をつなぎ、機能を媒介し、心を変化させる。人間の感受性を中心に、建築のあり方を組み替えようとした設計者の気持ちが現れた部分。

光のドラマ

美術館の基本である出っ張りや引っ込みのない空間に均質な光環境ではなく、ドラマティックな陰影を持つ内部。展示空間としての問題も生まれたが、現在はル・コルビュジエの意図を生かしながら、よい美術館として機能させている。

中庭まわり

間隔が変化する律動ルーバーのデザインを応用したのが、村野藤吾による目黒区総合庁舎の和室の障子。ル・コルビュジエはその理論以上に、多くの人が真似したくなる形を生み出し、20世紀の世界に最大の影響を与えた。
(※中庭に出ることはできません)

新館

新館は、坂倉準三・吉阪隆正と共に本館の監理を担当した前川國男の設計で、1979年に完成。ル・コルビュジエの弟子らしく幾何学的・工業的でありながら、均質な展示空間の実現や、本館が作る既存の環境への寄り添いといった、師にない真面目さを持っている。

西洋美術館に敬意を表して

大ホールはランダムに色の違うイスを配置。空席があった場合でも人が座っているかのような賑やかさを演出する。

公園の自然を取り込んだ音楽の殿堂

上野公園の中に音楽の殿堂を作るとは、やりにくかったに違いありません。

設計者の前川國男はル・コルビュジエの弟子。向かいの国立西洋美術館と打放しコンクリートや石材を打ち込んだ壁などが共通しています。間隔が変化するガラスのサッシは律動ルーバーに通じます。

単なる師の真似ではありません。前川がコルビュジエから学んだのは、空間の構成が建築の最大の勝負所であるということ。加えて、そんな空間が将来も機能するために、熟慮した設計と確実な技術に基づいたものづくりが大事だと確信しました。この付け足しが前川のオリジナルです。

建物内に入ってもまだ外にいる気分です。ガラス張りで、公園の緑をインテリアに取り込んでいます。落ち葉のような床のタイル模様は、前川事務所の所員が膨大な時間をかけて編み出した自然さです。

そこから再び中に入ると、芸術のための人工空間が広がります。合理的に配置された座席と芸術家による反響板が演目への没入を助けます。厚い壁の向こうはひとときの仮想現実のための世界です。

幕間の時を過ごすホワイエは、再び自然を呼吸できる場所。一様ではなく、変化に富んだ大地のようです。大小各ホールへと至るスロープは、ビクともしない坂道です。

入念な設計と施工で築いた空間が、揺らぎのある公園の開放感と厳格な芸術の両立という難題を解いています。

東京文化会館
Tokyo Bunka Kaikan

1961

前川國男
Kunio Maekawa

RC+S造 5階、地下2階

●ACCESS

台東区上野公園5-45　JR「上野」(公園口)徒歩1分

●DATA

●音楽資料室　火〜金　11:30〜18:30　土･日･祝　11:30〜17:00　休:月(不定休あり)
●レストラン フォレスティーユ精養軒　11:00〜19:00
●カフェ ヒビキ　月〜金　11:00〜18:00　土･日･祝　10:00〜18:00
●和小物ショップ 匠音 10:00〜19:00
●ミュージックセレクトショップ Waltz　11:00〜19:00
※ホール公演日により営業時間が異なる。詳細は問い合わせを。

屋外にいるようなホワイエ

伝統的な劇場とは対照的に開放的なホワイエ。大ホールの壁は屋内外とも、砕いた大理石を打ち込んで工場で生産したコンクリートパネルで覆われている。ここから真に内部なのだという気分を入り口の庇がより高める。

大ホール

六角形平面で、5階席までに2303席を収める大ホール。ブナ材の反響板は彫刻家・向井良吉の手によるもの。建築家は「爆発寸前の火山の噴火口で、地割れが起こり、亀裂から火が見えるというイメージ」と依頼し、そこから自由に想像を膨らませて制作したという。

小ホール

小ホールは正方形の平面で649席。壁から突き出した岩のような彫刻は、彫刻家・流政之の制作。同氏の作品としては、小ホール外庭や屋上の彫刻の他、1992年からはホワイエに金色に輝く「江戸きんきら」(P.140)が加わった。

赤と青

師のコルビュジエも用いた赤や青の色彩をはじめ、オリジナルデザインの維持も良好。

心が弾む自由な造形

※現在は塗り替えをして、白基調の落ち着いた雰囲気に。

フランスの素朴な豊かさが空間に舞い踊る

子どもが走り回るような楽しさは、教室のアートのおかげでしょうか。創立60周年を記念し、フランス人アーティスト16人が自由な発想で白い壁をカンバスとしたものです。

設計したのは、前川國男と入れ替わるようにパリのル・コルビュジエのもとで学んだ坂倉準三。1951年にらせん階段の塔がある半分が、1961年に現在のメインエントランスを含むもう半分ができました。2012年から、フランス政府公式機関としてフランスの文化、思想、学問を発信しています。

階段では、手すりが伸びやかに空間の中を駆けています。メインエントランスの大階段（P.146）は、踊り場から左右に分かれた洋館風の形式。でも、手すりの自由度がまるで違います。太い親柱で角を規定するのではなく、逆に抜けていきます。日常づかいの素材なのもウィットを感じさせます。

無人でも人の動きを連想させるのは、らせん階段の手すり（P.148）も同じ。素朴な金属が下端でくるりと巻いて、流動性が強調されています。

手すりは、設計を通じて建物内外に動線を巡らせ、敷地全体を活気付けるというコルビュジエ譲りの手法を象徴しています。さらに坂倉らしいのがモダン以前にもヒントを得た、機能だけに縛られない造形の自由さ。教条にとらわれず、素朴で豊か。それを建築にも活かすのが、フランス文化かもしれません。

東京日仏学院
Institut Français du Tokyo

1951/1961

坂倉準三
Junzo Sakakura

RC造 3階、地下1階

●ACCESS
新宿区市谷船河原町15
JR・東京メトロ東西線・南北線・有楽町線・都営大江戸線「飯田橋」徒歩4分

●DATA
一般の方も参加できるイベントを不定期開催（映画上映、展覧会、ワインセミナーなど）
※現在関係者以外は使用禁止。

DEFGHIJKLMNOP

ETUDIER EN FRANCE
frantastique

センスも学ぶ

1) 1952年1月の開校から60周年を記念して各教室に描かれたアート作品が楽しい。机や椅子はフランスの学校で普通に使われているもの。白い室内に映える。 2) 木製サッシや手すりといったオリジナルの部材を丁寧に残しながら、色彩の変化などを通じてモダン建築の清新さを継承している。例えば、最初はサッシの縦部材は深緑色に塗られ、階段塔のガラスブロック部分は細かい縦長サッシであり、マッシュルーム型の柱(P.144)は塗装されていなかった。広い窓の向こうに見える緑も今や貴重。

1

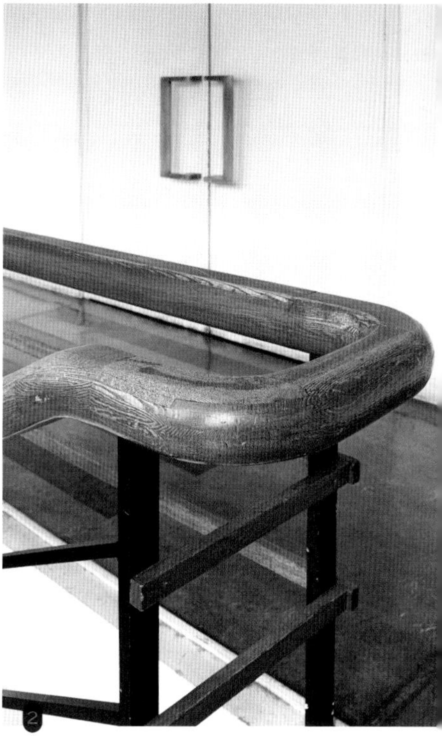

2

巻き貝のごとく

二重らせん階段というのは16世紀フランスのシャンボール城か18世紀の会津若松のさざえ堂くらいでしかお目にかかれない。この階段塔はそのどちらとも違う、角を丸めた三角形の平面。彫塑的な姿で粘土のようなものであるという鉄筋コンクリートの性格を強調している。

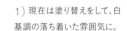

1）現在は塗り替えをして、白基調の落ち着いた雰囲気に。

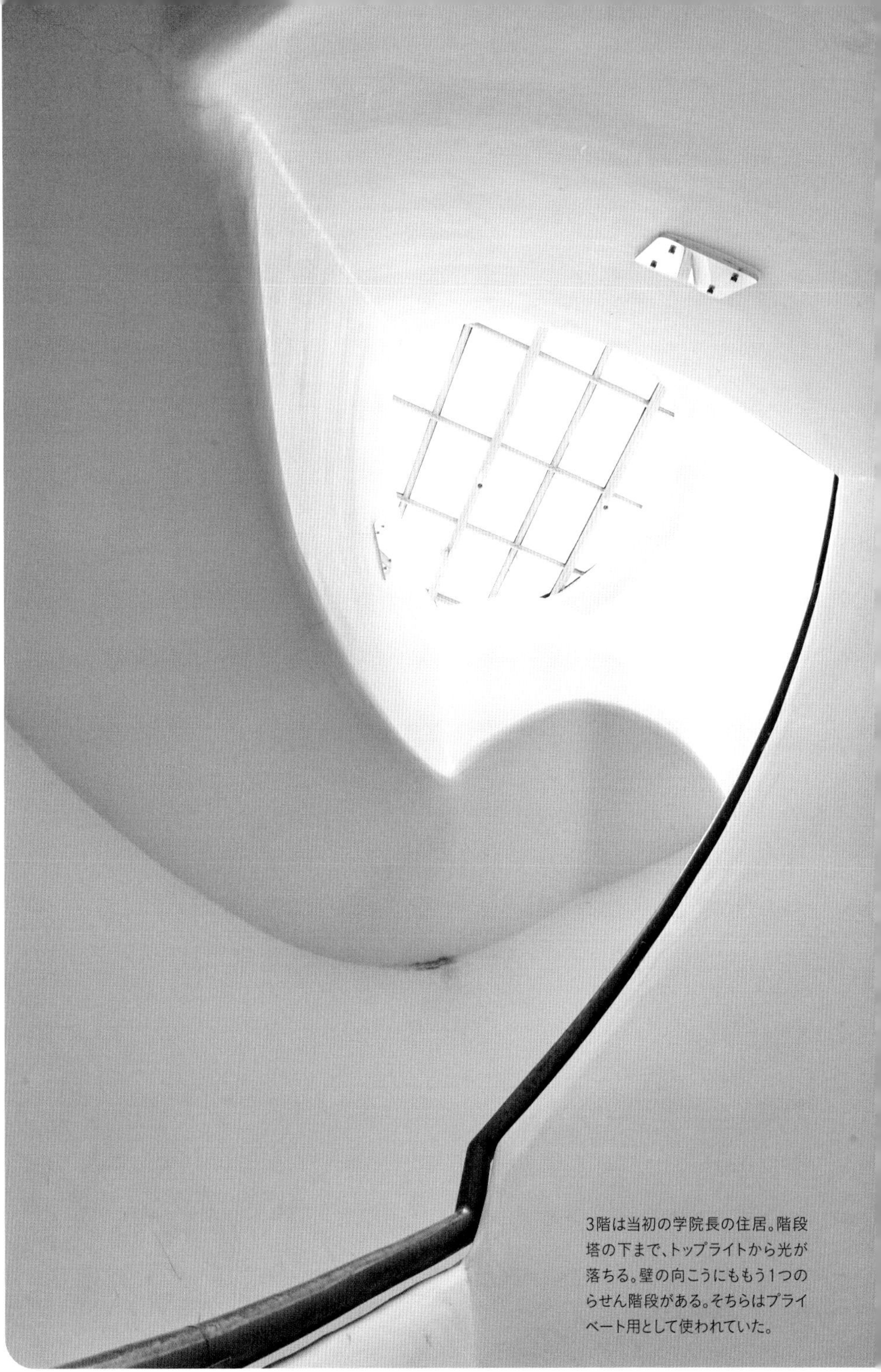

3階は当初の学院長の住居。階段塔の下まで、トップライトから光が落ちる。壁の向こうにももう1つのらせん階段がある。そちらはプライベート用として使われていた。

色も素材も
バラバラの
おもしろさ

増築のたびに異質な形を加えて現在の姿になった。階段塔や曲線屋根の最上階は1968年に完成。ステンレス製の外壁は1972年に教室を増やした際のもの。設計することの楽しさが伝わる。

アテネ・フランセ
Athenee Français

1962

吉阪隆正
Takamasa Yoshizaka

RC造 4階、地下2階

●*ACCESS*
千代田区神田駿河台2-11
JR「水道橋」徒歩6分、「御茶ノ水」徒歩7分

●*DATA*
語学学校のスケジュールは問い合わせを。

気になるディテール

最上階の屋根型、階段踊り場の四角、階段塔の三角……、さまざまな形の窓から光が入る。カーブを描いた書棚や手すりなど、人に寄り添うデザインは設計者の得意とするところ。

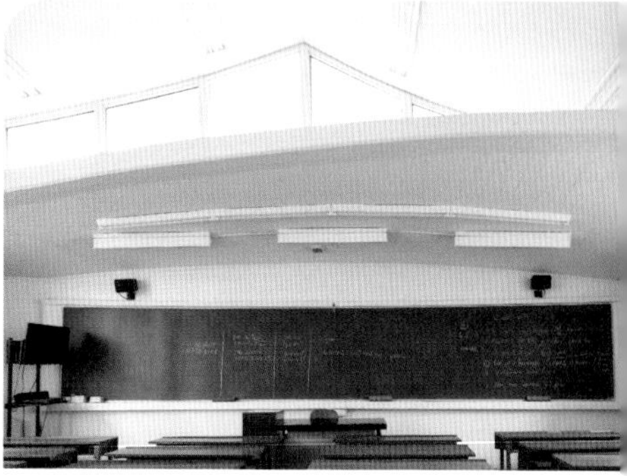

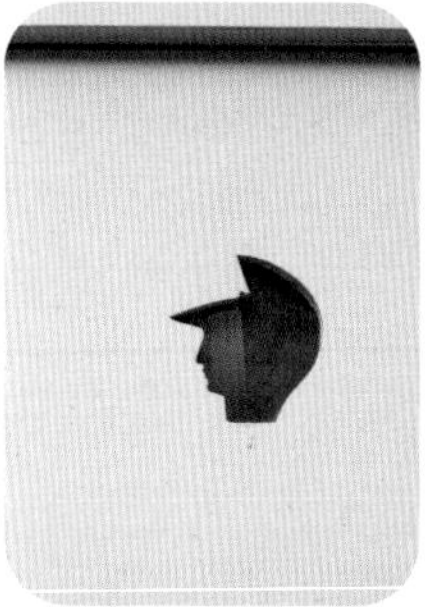

利用できます

天井の形も洞窟を思わせる地下らしさと、宇宙船のようなガラス窓がせり出した崖上らしさが同居した地階のラウンジ。ピンクの扉の文化センターでは、映画上映会も。

先入観を取り払い多様性を追求

この建築には、バラバラさがあります。壁の色が部分ごとにバラバラです。ピンクに塗られたコンクリートにATHENEE FRANCAISの文字がばらまかれています。素材を荒々しく見せていると思えば、左手の壁はピカピカのステンレス。水平基調の中に塔が伸び、中に入るとドアの取っ手や窓の形もまちまちです。ル・コルビュジエの弟子の一人、吉阪隆正が率いるU研究室が設計しました。

モダンは世界を均質にするのではなく、多様性も促進すると、コルビュジエは捉えました。ある部材はこういう形式であるという先入観を脱したら、機能に応じて別々のものになるはずと。それで例えば窓であれば、通気の縦長窓や採光の窓などを別々にデザインしたりしたのです。

吉阪がコルビュジエのアトリエで学んだのは、そんな傾向が高まった戦後の1950年から52年にかけて。帰国した吉阪は一人が全体の形を主導するのではない、個性がぶつかる設計チームを作り、手法をさらに推し進めました。

バラバラな利点は何か。まず最適化が計れること。最上階の教室は天井の造形ものびのび。傾斜地を生かした地階には洞窟と屋上の体験が共存しています。作り手は能力を発揮し、受け手はそのどれかを好きになるはず。動き、集まる人の動線によってバラバラさが連なり、解釈は未来に開けます。「不連続統一体」という吉阪の思想の反映です。

書庫を中心として「回」の文字に!?

膨大な蔵書を支えるための
コンクリートの柱も魅力的に

日本の知識を収蔵する図書館は、合理的で味があります。

本館は1954年に戦後日本で初めて行われた国の公開設計競技（コンペ）の成果。122点の中から一等案に選ばれた前川國男建築設計事務所の所員チームが基本設計を行いました。それをもとに建設省営繕（えいぜん）局が実施設計し、61年に第1期工事として書庫と閲覧室の約半分が完成、68年に全館が落成しました。

平面は「回」の字の形です。匿名の審査過程で、応募者が図面に記した暗号が「回」でしたから、明快な解答に自信を持っていたのでしょう。中央に書庫を一辺45mの正方形で設け、それを囲む一辺90mの建物の2階から4階に閲覧室はあります。

増え続ける蔵書に対応するため、新館が86年に完成、本館に接続されました。こちらは内外ではなく、上下で領域を二分。地下8階まである書庫・機械室の深さは、固い東京礫層の付近を最深部にするという構造上の理由で決定されています。

膨大な蔵書は建て替えを困難にします。良好な維持管理で使われ続け、ほぼオリジナルの状態。素材の味わいや自然光の導入といった利用する人間を考えた本館・新館の手法の共通性、時代による違いの両方が読み取れます。

書籍などの収蔵という機能ゆえに土地に根が生えた図書館は、モダン建築の歴史も収蔵しています。首都らしく、東京では珍しい建築です。

国立国会図書館
National Diet Library

1968/1986

本館/MID同人+建設省営繕局
MID + Ministry of Construction
新館/前川國男建築設計事務所+MID同人
Maekawa Associates, Architects & Engineers + MID

本館/SRC造 6階、地下2階
新館/RC+SRC+S造 4階、地下8階

●ACCESS
千代田区永田町1-10-1
東京メトロ
有楽町線「永田町」徒歩5分

●DATA
入館資格：満18歳以上
※満18歳未満で所蔵資料の利用を希望する場合は事前に電話でご相談ください。
休館日：日曜日、国民の祝日・休日、年末年始、第3水曜日（資料整理休館日）
開館時間：9:30〜19:00（土曜日は17:00）
資料請求の受付：9:30〜18:00（土曜日は16:00）

閲覧室

本館2階のホールには、打放しコンクリートの柱が林立している。図書カウンター上部に刻まれた「真理がわれらを自由にする」は、国立国会図書館法前文の中の言葉。ホール外周の柱間に斜め格子が入っているのは、上下に書庫がある関係で構造を強化するためだが、色ガラスの装飾で彩りも添えている。

光庭

新館内部

1）新館では2本の柱をセットにして用いたスマートで合理的な解法の一方で、コンクリートの表面を手作業で削った仕上げや石を削った手すりにしている（写真奥）。本館の時代には普通だった手仕事の温もりを、新館では意図的に導入。　2）新館の書庫は、地下1階から地下8階まで約30mの深さ。中で働く人に安心感を与えるために、自然光が届く光庭が設けられている。

エントランス

開館時には敷地の北東側に都電三宅坂停留所があり、そこから近い位置に図書館入口を設けたが、後に開業した地下鉄駅は南西側と逆方向。人を誘導する石垣のサインやレンガ色のタイル舗装は、新館建設に併せて整備された。

本館と新館を一望に

新館の外装は、1970年代以降の前川國男建築設計事務所のトレードマークとなった打ち込みタイル。青系統に焼いた3色を混ぜて、落ち着きと爽快感のバランスをとっている。エントランスの打放しコンクリートの円柱が本館と呼応する。

美しい青タイル

塔屋を覆うタイルは、地上からも色鮮やかな図書館のアクセント。講堂の丸い屋根も屋上に突き出している(左上)。4階から上の壁を中央の書庫と離しているのは書庫と事務棟の間に光庭を配し、回廊にトップライトからの光を入れるための工夫。近年の耐震改修工事で補強材が加えられた(左下)。

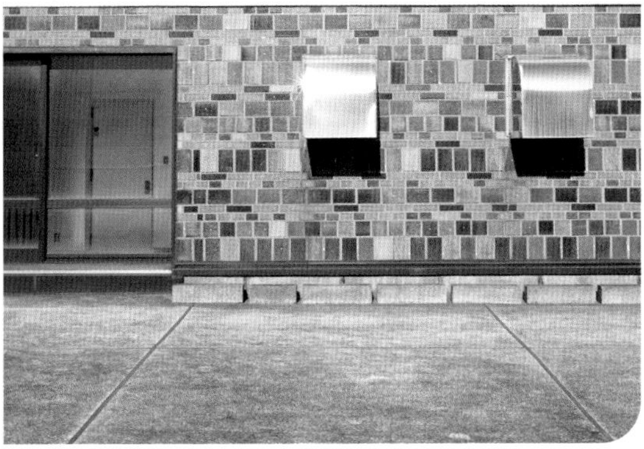

風が通り抜ける潔い墓苑

「ない物づくし」で美しい空間を作った

千鳥ケ淵戦没者墓苑には、ない物がたくさんあります。まず仕上げらしい仕上げがないです。柱や梁はコンクリート打ち放し。床の鉄平石も壁の戸室石もむき出しです。日本的な形もないです。六角堂と言っても屋根に反りはありません。全体の形自体を、特定の民族や文化とだけ結びつけることは難しいでしょう。

それに内部もないのです。設計者の谷口吉郎が行ったのは、道路に近いこの不整形の敷地中に適切な場所を見つけて屋根をかけ、休憩所を置いて、その中間を広場とし、残りの土地に参拝路を導くこと。

内部を持たないのにこれが建築と言えるのは、構築物によって外部の空間の性格が一変しているから。1959年に開苑して以来、まるで以前からそうだったように、清らかな場が構築されています。

そんな自然さを生んでいるのが先の3つの「ない」。すべてモダン建築の特徴です。それがイデオロギーを離れた戦後の戦没者慰霊施設に、時勢に流されない形を与えました。

納骨壺を収めた陶棺だけは別です。谷口はこの焦点に古代豪族の棺に憧れた具体的な意匠を施し、空間全体に力をみなぎらせました。「ない」ではなく、個人が責任を取った戦後らしい決断があります。

墓苑は犠牲を受け止め、モダンな精神で再起を期した戦後日本の象徴。そして個人の挑戦が時代を築いていったことが清々しくわかります。何度も立ち返りたい空間です。

空間と共に細部も味わいたい。柱や壁の汚れやすい下部にはモザイクタイル、椅子の脚は大谷石、六角堂の天井だけは木材と、細やかに、素材が使い分けられている。照明も谷口がよく用いた六角形。

千鳥ケ淵戦没者墓苑

Chidorigafuchi War Memorial Park

1959

谷口吉郎

Yoshiro Taniguchi

SRC+RC造 平屋、地下1階

●DATA

4月〜9月) 9:00〜17:00

10月〜3月) 9:00〜16:00

●ACCESS

千代田区三番町2

東京メトロ半蔵門線「半蔵門」徒歩7分

Column

建築家ものがたり

3 前川國男

Kunio Maekawa

(1905-1986)

新潟県に生まれ、東京で育つ。東京帝国大学卒業後、1928〜30年にパリのル・コルビュジエの事務所で働く。帰国後、アントニン・レーモンドの事務所を経て、1935年に独立。本書掲載以外の現存作品に、前川自邸（現在、江戸東京たてもの園に移築、1942）、神奈川県立図書館・音楽堂（横浜市西区、1954）、東京都美術館（東京都台東区、1975）などがある。

【本書掲載=東京文化会館→P.138／紀伊國屋ビルディング→P.190】

空間が社会を改良できると信じた

1928年3月31日の卒業式の日に旅立ち、ル・コルビュジエのもとに飛び込んだことは伝説的です。シベリア鉄道を経由してパリに到着。コルビュジエの事務所のスタッフとして2年間を過ごします。

1930年春の帰国後は、アントニン・レーモンドの事務所に入所。1935年に独立しますが、当時は戦争が本格化して建築が建たない頃。そんな中でもコンペに挑み続けて能力と名声を広げます。それは戦後の実作に結びつきます。1986年に81歳で逝去するまで、公共建築を中心に多くの建築を世に送りました。戦後を代表する良心の建築家として知られます。

前川は「様式」を拒否しました。確固とした基盤の上に建築を作りたいと考えたのです。庁舎が宮殿みたいとか、日本的なのが屋根だとか、そこに「昔からそうだとみんな思っている」という以上の何かがあるでしょうか。きちんと過去をさかのぼっていくと、根拠は霧の中。確かめられもしないのに、よくみんな信じて建てられるものだ、と。

根源を目指す姿勢は「技術」に対しても終始一貫していました。合理性を重視し、現場までしっかりと監理。「何かモダンっぽい」といった、浮ついたスタイルを最も嫌いました。

ここまで書いた内容だと、どうもおもしろくなさそうです。正直、「格好いい！」と感じる作品ばかりでもありません。《東京文化会館》の大庇はコルビュジエの造形の亜流かも。1970年代以降の作品の定番となった打ち込みタイルの外壁は鈍重。そもそも変化しないというのは、モダンと逆ではないか。

そんなふうに写真ではピンと来なかった人ほど、実際に訪れることがお勧めです。どの作品にも、確固とした空間があります。考え抜かれて設計され、入念に形作られた空間です。それは歩むにつれ姿を変えます。優れた遺産と同じように、建築が揺らがないものだからこそ、私たちの行動と感情を映します。

前川は空間の造形者でした。建築の根源にあって、他に取り替えがきかない「空間」こそが、人間たちの社会を改良できると信じ続けました。根拠のあるモダンな設計と作り方を通して、建築をリスタートさせようとしたのです。そんな真面目でハッピーな前川は、身体で理解しましょう。さあ、飛び込んで！

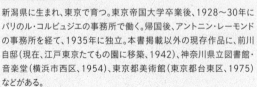

Area-4

エリア4

新宿・四ツ谷・八王子エリア

Shinjuku, Yotsuya, Hachioji

モダンの黄金期を代表する教会

カトリック東京カテドラル関口教会

Sekiguchi Catholic Church St.Mary's Cathedral Tokyo

1964

丹下健三

Kenzo Tange

RC造 平屋、地下1階

●ACCESS

文京区関口 3-16-15
東京メトロ有楽町線
「護国寺」徒歩 8 分

●DATA

●平日のミサ
週日ミサ(月～土)7:00
(地下聖堂)
初金ミサ(第一金曜日)10:00
(地下聖堂)
●主日ミサ
土曜日 18:00(地下聖堂)
日曜日 8:00(大聖堂)、10:00
(大聖堂)、12:00(地下聖堂)
※教会の行事等によって
中止もありますので詳細は
問い合わせを

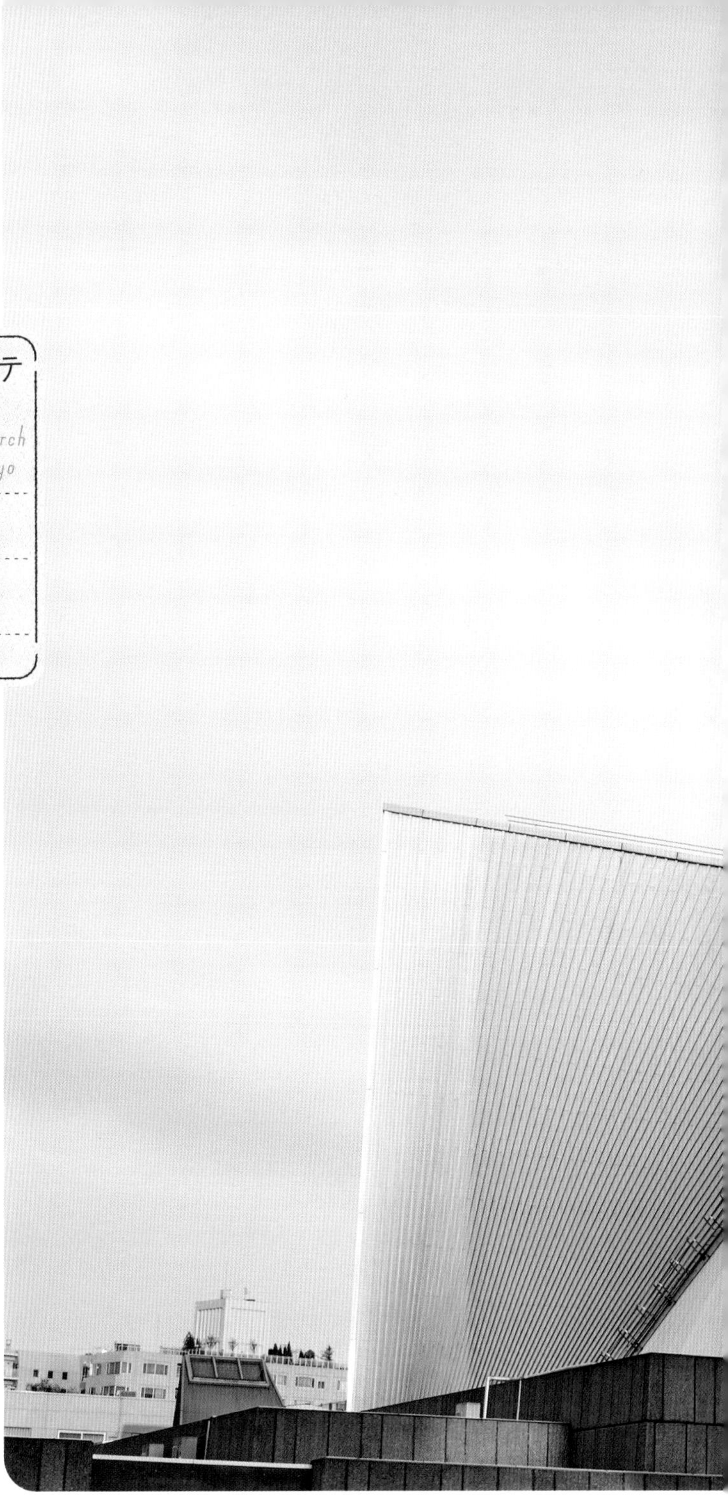

抽象的なフォルム、ステンレスの外装
何にでも見え、そして神々しい

ワンアイデアの勝利です。日本へのカトリック再布教100年事業として、新たな大聖堂を建設することになりました。設計候補者として1961年に指名されたのは丹下健三、前川國男、谷口吉郎の巨匠3人。選ばれたのは丹下です。鉄筋コンクリート造の8枚のHP（双極放物面）シェルがもたれかかるように聖堂内部を形づくり、十字架の形に開いた天窓から光が注ぐ。シンプルで、現代性と教会らしさとを併せ持つ見事な提案でした。

1964年、アイデアがこの世界に降り立つと、なおさら不思議議でした。輝くステンレスの外装は、作り手の痕跡も重力の重みもまとっていないようです。HPシェルは三次元空間内を移動する直線の軌跡。外から見た姿は抽象性そのもののようです。

これがモダンの黄金期の代表作として知られるのは、構造と空間が一致し、内部と外部にずれがないから。

でも、聖堂の内部はまるで違う印象です。打放しコンクリートの地肌は、建設の過程もしのばれる現実そのもの。端に行くほど傾く内壁は視覚だけでなく、身体に迫ります。混乱して見上げると、そこには明快な十字架の形が浮かびます。降り注ぐ光は刻々と変化します。壁で囲われていると感じていた内部は、実は外部と貫通したモダンなのです。

地上に降り立った理念として神々しく、伝統的なカトリックがこれを採用したことに歴史が刻印されています。

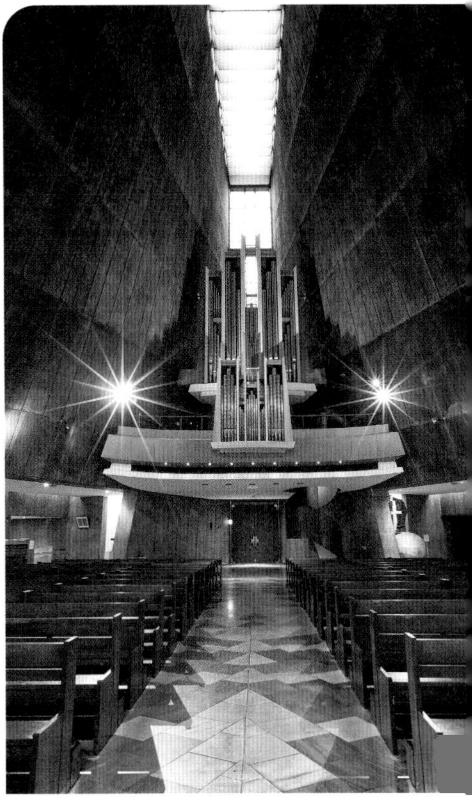

圧倒的な空間

歩くたびに見た目が変わる内部空間は、中央に立つと左右対称。石張りの床も伝統的な教会らしさを感じさせる。壁の曲面に合わせたパイプオルガンの向こうが正面になる。床から天井までのガラスから光が注ぐ。

外壁の素材感

外装は献堂40周年を機に、オリジナルのデザインを踏襲しながら、性能が高いステンレスで全面的に張り替えられた。同じ大改修で、完成早々からの雨漏りでふさがれていた十字形のトップライトも復活。鋭いアイデアを生かし、維持しようという宗教法人カトリック東京大司教区の姿勢が、傑作を守り続けている。

ぐるり！
回転しそう

中には張り詰めた美しい茶室も
和と洋の境界を超越した見事さ

にぎやかなJR新宿駅のすぐ脇に八角形のビルがあること、ご存知でしたか？ 中に本格的な茶室が潜んでいます。

まずは9階へ。エレベーターを降りると、ビルの外形を上手く使った露地が出迎えます。表千家不審庵の残月亭の写しの12畳、他に10畳と3畳半台目の茶室を設え、本格的な茶懐石をいただけます。

ついで8階。こちらは椅子席です。特に高級な材料を使っているわけでもなく、絞り丸太がさりげなく配されている以外、これ見よがしな日本調でもないのに、和の趣を実感するのはなぜでしょう。

ビルの設計は建設時の当主の弟が学んだ明石信道。同じく当主と親交があった川端康成から表千家の家元につながり、そこから紹介された谷口吉郎が6・8・9階の内装を設計しました。

谷口の力量は、障子、天井、照明、すべて線をピンと張り詰めたデザインの一貫性に現れています。見とれてしまう材の合わせ目に丹念な手仕事が感じられます。それらが美しく保たれている様に使い手の愛情が滲みます。物に現れた手の合わせ技が、和と洋の境界を乗り越えています。

6階「古今サロン」も和風のモダン解釈です。単調な豪華さでも理屈でもなく、素材が仕立てた凛とした空気。真の遊びが可能になりそうです。

縁を大切に、心尽くしの意匠で編まれた空間が、時間と場所を超える茶の精神を受け継いでいます。

安与ビル
Yasuyo Bldg.

1968

明石信道
Shindo Akashi

SRC造 9階、地下2階

八角形の端まで精緻に取り付けられたアルミルーバー。目を凝らすと、断面の形がエッフェル塔のよう。外部から入る光と、夜間に反射するぼんぼり状の効果を計算したものだ。
2022年登録有形文化財登録。

●ACCESS
新宿区新宿 3-37-11
JR「新宿」(中央東口)徒歩 1 分

●DATA
新宿・京懐石 柿傳(安与ビル 6～9 階)
昼 11:00～16:00(L.O.14:00、土日祝 14:30)
夜 17:00～22:00(最終入店19:30、L.O. 20:00)
※夜のご利用は、前日18時まで(個室は3日前まで)の事前予約が必要。
年中無休(年末年始/夏期旧盆を除く)

これぞ和モダン

茶室の「写し」とは先行する手本を模して作ること。9階「残月亭」は表千家不審庵の同名の茶室の写しで、それも千利休の聚楽屋敷にあった色付九間書院の写しと伝えられる。その名は豊臣秀吉が上段の柱にもたれ、名残の月を眺めたという逸話に由来する。

残月亭は特徴的な2畳の上段、傾斜した化粧屋根裏をはじめ、細部までオリジナルに忠実。ビルの中なので障子の向こうに照明を組み入れたことが手本との大きな違いだ。露地の設えは2015年に改装された。その下には谷口のデザインも保存されている。

六角形は谷口が好んだ形。それを用いた照明は6階・8階・9階で異なった配置がなされ、さりげない統一感と変化を与えている。桟を変えた障子も効果的。天井高が限られたビルの中でも、計算された光が低さを感じさせない。

計算された配置

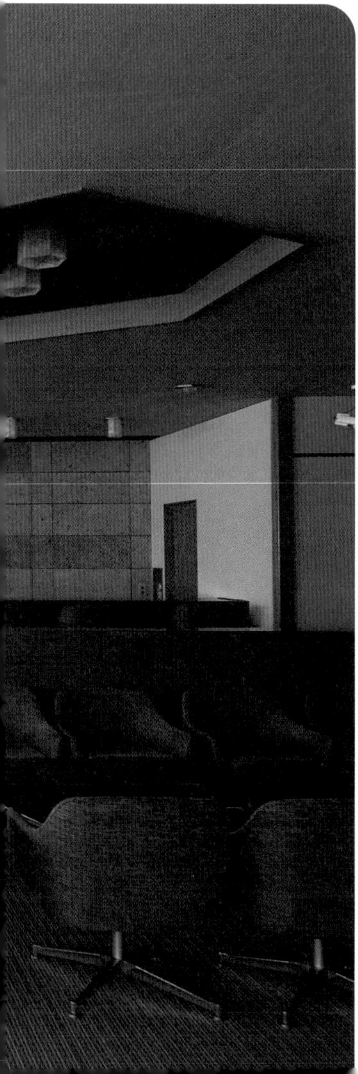

優美なサロン

6階の「古今サロン」は、座面の低い椅子もモダンで味わいがある。カウンターの向こうの大谷石と目地のデザインも、谷口が好んだもの。

どことなく西洋の古城の風情

外壁やサッシ、階段の手すりまで、全体を細やかな部材に分割していく村野藤吾の手法が変化する緑と釣り合って、入居者にもそれ以外の人にも快適な環境を作っている。東京がこんな田園ビル都市だったらいいのに、そんな空想に誘う。

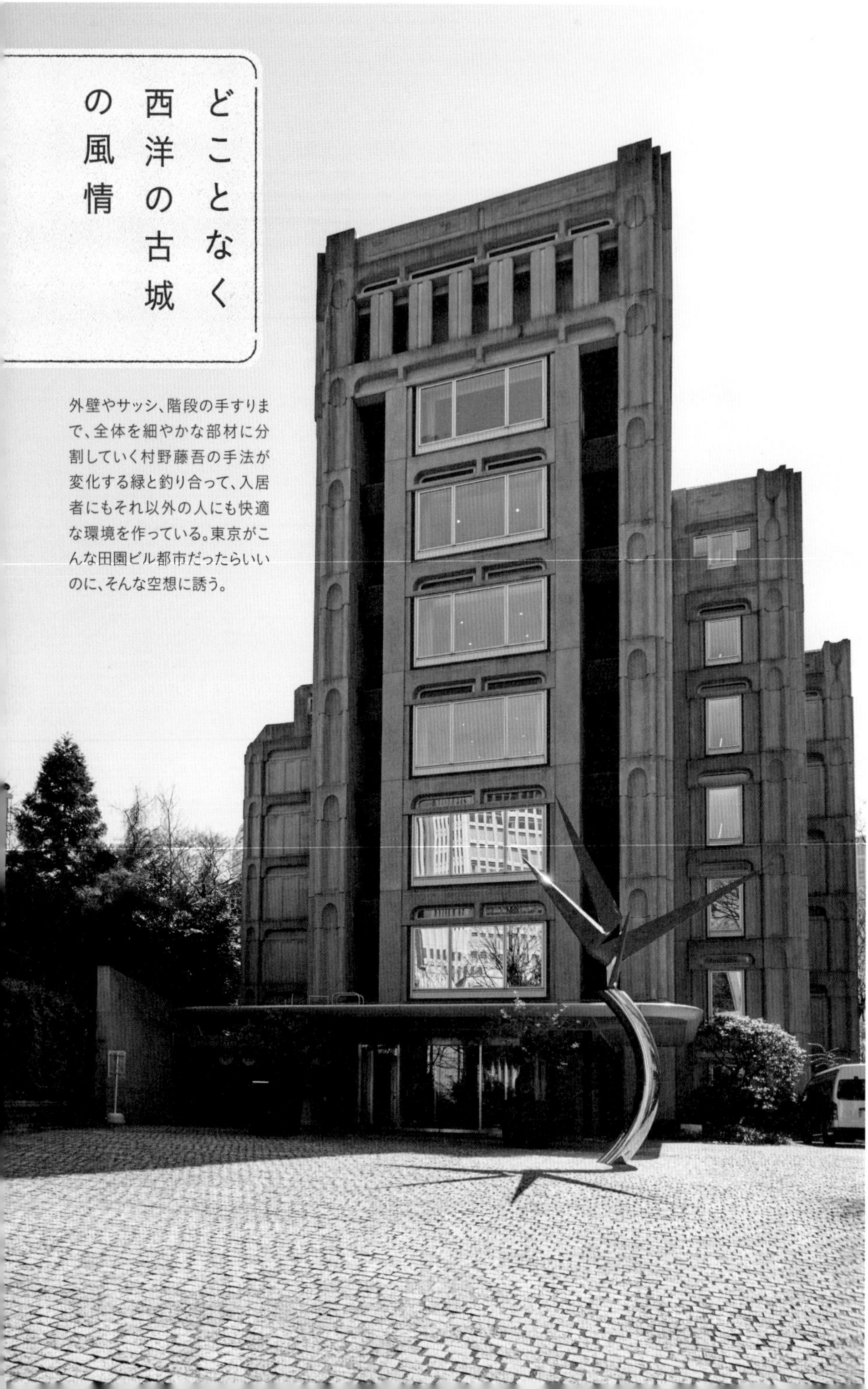

麹町ダイビル

Kojimachi Daibiru Building

1976

村野藤吾

Togo Murano

S造 7階、地下2階

●ACCESS

千代田区麹町5-7-1

東京メトロ有楽町線「麹町」徒歩5分

古びることなく稼働しつづける老舗オフィスビル

江戸の殿様の屋敷があった頃の静けさを残していた紀尾井町の裏通り。開発の波が押し寄せ、1976年に建った貸オフィスビルです。

西洋のお城を思わせるのは、彫りの深い外観だからでしょうか。突き出した正面は縦方向を強調し、全体を左右対称に感じさせます。壁が多く、複雑な形にも見えます。しかし、実際は工業製品の組み合わせ。外壁は工場で生産されたプレキャストコンクリートです。複雑そうですが、数種のパターンでできています。その間に取り付けられた窓も、敷地が細長いため長く続く側面では、ことさら普通のビル以上に大きく開いています。

側面と公道との間には植栽が施されています。40年以上が経ち、自然林のように豊かになりました。壁の凹凸とざらついた素材感が、外観を単調さから救っています。木々の変化と共鳴します。大きく平滑な窓ガラスに写り込んだ緑は、中の人以上に外の人に効果的です。あくまでモダンな考え方で通りを行く人に心地よさを提供する。場所の特徴に配慮して開発された、田園趣味のオフィスビルです。

もちろんこれは厳然たるビジネス。でも、箱型でないこんな佇まいなら、借り手も一国一城の主の気分ではないですか。実際、ビルに惚れ込んだ先端企業が数年前から一棟借りで入居しています。長い時間、稼ぎ続ける大人の建築。大阪の老舗デベロッパーと85歳の村野藤吾らしい仕事です。

なんと大胆！地上にポッカリ空いた穴

新宿副都心計画に坂倉準三が込めた思い

すでに1946年の区画整理事業で大きさは決まっていました。1960年に新宿副都心計画が決定されて動き出します。坂倉準三の関わりは1961年、小田急電鉄の新宿駅西口ビルの設計依頼から。それ以前に手掛けた南海電鉄や東急電鉄での仕事が評価されたのでした。同社が1963年に地下駐車場の事業者となり、広場の設計も担うことになります。

坂倉が提出したのは、周辺の駅やビルを結ぶ地下1階と地上の間に約60m×約50mの大きな穴が開いている前例のないデザイン。こうすれば、地下に空気を送るための換気装置が要らず、コストもかさまないというわけです。

議論はありましたが、最終的に事業主体の新宿副都心建設公社もこれを承認。地下2階の駐車場へと吸い込まれる車の列、太陽を浴びる緑、歩き佇む人々が同居する、現在のような光景が生まれました。ダイナミックでおおらか。しかも随所に人懐っこい色彩の磁器タイルをまとっています。

身体に直接関わるものから建物、都市までを人間中心に再編する考え方を、坂倉は1929年にフランスに渡り、世界的建築家のル・コルビュジエから学びました。ただし、師もこれほどの規模では本国で実現させていません。その鍵を握るのは日本の高度成長期。組織的と合理的、計画的と個人的。その間が「でも」か「だから」だったのか、考える価値がありそうです。

1

ザ・大都会

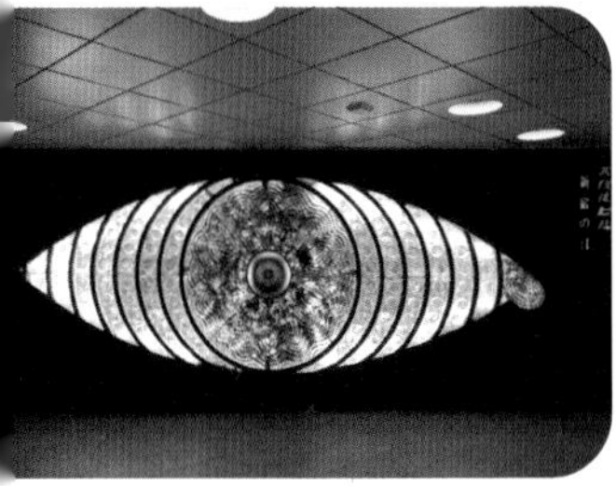

2

新宿西口広場

Shinjuku Station West-gate Plaza

1966

坂倉準三

Junzo Sakakura

RC造 地下3階

新宿モダンさんぽを……

1) 1967年に完成した小田急百貨店も坂倉準三の設計。9階より上にもフロアがある新宿駅西口ビルと、北側の地下鉄会館という2つの建物から構成されている。別々に感じさせないのは坂倉が地下鉄会館の設計者に掛け合い、外観デザインのみを担当したため。アルミ成型パネルで統一し、所々に変化を加えた。 2) 階段の手すりは特別に焼いた大判の磁器タイル。色とりどりのタイルが、土木的な施設に必要な耐久性と人が近づきたくなる素材感とを両立させている。地下通路で接続するビルの1つがスバルビル。坂倉の設計ではないが、彫刻家・宮下芳子が制作した「新宿の目」は、1969年から変わらない迫力。

●*ACCESS*

新宿区西新宿 1-1

JR「新宿」

忙しない都会で ゆったりと 呼吸できる

グッとくる佇まい

空間の見通しの良さに貢献している背の低いシート。通り側は1・2階とも壁の形に沿った造り付けとなっている。当初は座面が茶系色で、照明が頭にぶつかるくらいまで下がったペンダントライトだった。それ以外は半世紀近く経つのに、驚くほど変わっていない。

心が落ち着くこもり感と開放感が同居する

レトロではなく、モダンです。彫刻された木材、曲線の椅子、ゴージャスな装飾。そんな喫茶店らしさは皆無です。

ショーケースも出ていないので最初は入りづらいかもしれません。でも、いったん知れば、通りに対して傾いた壁と円筒形とで作られた窪みには大きなガラスがあって、ドアを押すと、外の形がそのまま中の空間を決めているのがわかります。内と外の素材も素直に共通。初めてでも常連のように注文を取りに来てくれて、日常の小休止になります。モダンな喫茶店は、都市と呼吸しています。

通りと接しながらも落ち着けます。秘訣は細かい所まで詰められた設計。席のサイズと空間の関係性は緊密です。らせん階段の幅も天井の低さも人が行動するのに過不足ない寸法。合理的な設計が心地よい包まれ感を生んでいます。

こもりながら、街の様子が観察できます。入り口の大ガラスも端のスリットも、1、2階で連続しています、計算された開口部です。喫茶店を装飾ではなく、空間として捉え、インテリアから建物、都市までをつなげているのです。

これが設計者の初作品。先代の店主が、事務所が近くで常連だった建築家の高橋靗一に相談。高橋は娘の誕生を機に独立した元所員の池田勝也に設計を任せました。池田の娘・由比は成長して手塚貴晴と公私ともにパートナーとなり、今をときめく有名建築家に。喫茶店は変わらない顔で都市の変化を見続けています。

珈琲 ロン
Coffee Lawn

1969

池田勝也
Hatsuya Ikeda

RC造 4階

●*ACCESS*
東京都新宿区四谷1-2
JR・東京メトロ丸ノ内線・
南北線「四ツ谷」徒歩1分

●*DATA*
営:月～金 11:00～(L.O.18:00)
休:土日祝(毎月第3土日のみ営業)

不思議な鋭角

1) 三方を囲まれた限られた敷地の中での工夫が、幾何学的な正面形に現れている。1・2階が喫茶店、3・4階が住宅。右手の円筒形は住宅への入り口だ。 2) 打ち放しコンクート、タイル、合板、ガラスと適材適所に素材が使われているが、みな共通するのは素朴な工業素材だということ。モダン建築の王道と言えるデザインが街中の商業建築で維持されている事実に、親子三代にわたる設計者への敬意が感じられる。

手仕事の深み

密実とした打ち放しコンクートに、芝生という意味の「Lawn」の文字。ドアノブにまで感じられる手仕事感は、この喫茶店で味わえる卵サンドやミルクセーキに通じている。誠実で変わらないから、都会の隠れ家になる。

大都会にそびえ立つ三角ビル

三角形が生み出す特別な空間と機能性

日本初の200mを超えるビルとして生まれて半世紀。超高層が珍しかった当時から現在に至るまで、個性が変わらず輝いているのは、何よりも全体の形でしょう。

平面の基本として選ばれたのは、通常の四角形ではなく、三角形。ビルの中央部分を三角形にくり抜き、まわりにエレベータや階段、トイレなどを配置しました。その外側がオフィスなどのスペースです。

こうすると何が良いのか？　碁盤の目状に道路が計画された新宿副都心で、他の超高層ビルは道路に平行に建てるでしょう。それらとは違う斜め方向に壁を持ってくることで、お向かいさんと窓が向き合うことがありません。

エレベータを降りると、各階の廊下が三角形の吹き抜けに面していて、光や天候の変化が感じられます。室内に入れば、この16年後に完成した東京都庁舎がハンサムな斜め顔で見えてきたり、今も意外に遠くまで視線が通ったり。

全体の形が健康的に機能し続けています。単なる装いから変わったデザインにしない、モダン建築の超高層ビルです。

中心の吹き抜けの下部では、多田美波が手がけた鉄とガラスの造形が光を放っています。建築のありようとアートが互いを必要としてそれぞれの役割を果たし合っているところもモダン建築らしさ。

2020年の大改修で、周囲にガラスの大屋根が架かりました。自然と人工の交流は次の半世紀へと向かいます。

新宿住友ビル
Shinjuku Sumitomo building

1974

日建設計
Nikken Sekkei Ltd.

S造52階、RC造地下4階

●ACCESS

東京都新宿区西新宿2-6-1
都営大江戸線「都庁前」徒歩0分

完成時は外部だったビルの周囲には現在、ガラスの大屋根が架けられている。すくすく育ったクスノキは保存されてメインエントランスを彩り、「三角広場」には旧淀橋浄水場で使われていた1937年製のバルブも残されている。

中央部分の三角形は1階から3階までが吹き抜けで、エレベーターが並ぶオフィスのコンコースとなっている。4階床の高さに造形作家の多田美波がデザインしたガラスの天井がある。

万華鏡

レトロなディテール

超高層ビルが目新しかった当時、訪れる人は二桁の階数表示に胸躍ったことだろう。階数のフォントや上階レストランの照明器具などに1970年代のテイストが残る。

三角の空洞

三角形の外部空間を内側に抱えた独特のビル。4階から52階まで続くガラス面に切り取られた空が反射する。多田美波は三角形を立体的に組み合わせて、その下端部をデザインし、ガラスの天井の中心に当たる1階の床に、吹き抜けと天井の形をミニチュア化した造形を埋め込んだ。

山の上の秘密のアジト

逆ピラミッド型の建物に隠された「眼」の秘密

「グラスの底に顔があったっていいじゃないか」。岡本太郎が1976年に出演したテレビCMの言葉です。大学セミナーハウスは、さながら「建築に眼があったっていいじゃないか」。木々の間に現れる建築に驚かされ、都会で凝り固まった頭も解きほぐされるに違いありません。

本館は下が小さく、上が大きい逆四角錐の形。まるで大地に打ち込まれたくさびのようです。荒々しい打ち放しコンクリートの壁も、強い存在感に寄与しているでしょう。

そんな風に眺めていると、反対に私たちが建物から眺められてしまいます。壁の一部が逆三角形に窪んでいて、奥にコンクリートとガラスでできた眼があるのです。日の光を採り入れ、暗がりの中で光る一つ眼に、見つめられます。

少し離れた場所にある中央セミナー館は、本館を上下逆にしたような

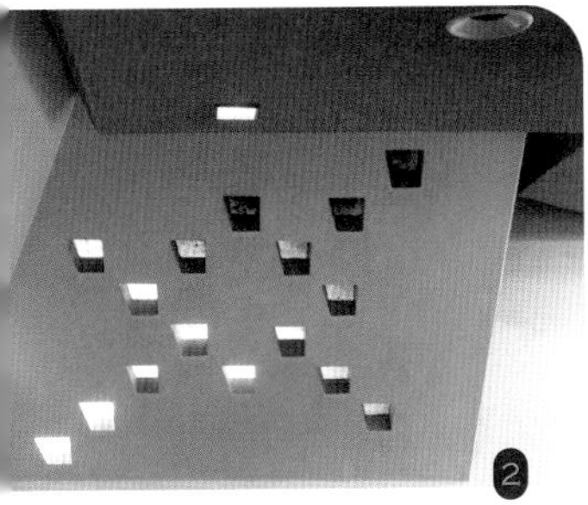

大学セミナーハウス

Inter-University Seminar House

1965〜

吉阪隆正+U研究室

Takamasa Yoshizaka+U Laboratory

RC造　4階、地下1階

1）本館の3階と4階とをつなぐ階段。1965年の完成時はもっと複雑な手すりだったが、途中で折れ曲がった造形に面影が残る。写真の左上に見える出口からは、外部ブリッジを通って隣りの丘まで渡ることができる。 2）3階に見られる複雑な形の窓。 3）本館の来場者が最初に出会う面に、全体の形を繰り返すような逆三角形の窪みがあり、その奥に眼が潜む。

●ACCESS

東京都八王子市下柚木1987-1

京王線「北野」バス10分

ピラミッド型。松下館はカーブを描いたコンクリートのシェル屋根が特徴です。長期館は迷路のような空間ですが、全体の構成は筒状のユニットを中心とした原理的なもの。

遠くからも目立つ本館が、個性豊かな建築たちをつないでいます。

それでも残る謎が、眼です。もしかしたら、これは正解のない問いかもしれません。自分の頭で考え、意見を交換し、何かを発見させるような。設計の中心にいた吉阪隆正は、常識にとらわれない国際人であり、刺激的な教師だったのでした。

曲線づかい

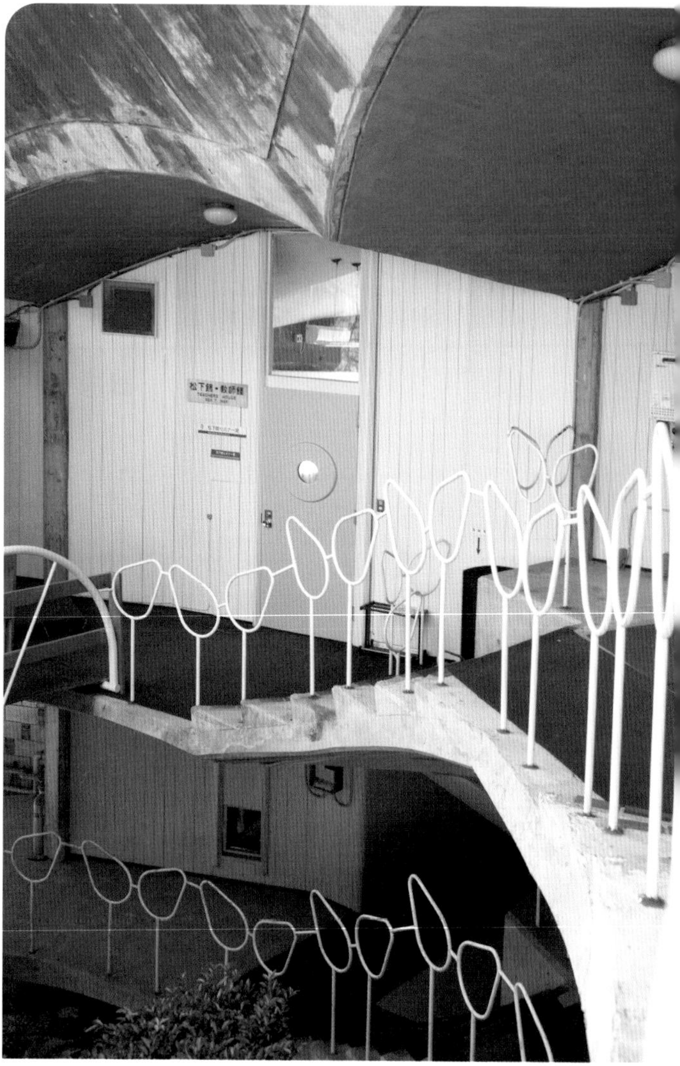

1968年に完成した松下館は、板壁に支えられた6連のシェル屋根が弧を描いて連なり、その下部に木造で部屋がつくられている。打ち放しコンクリートの外壁にある樹木の形状は、開館時の宿泊施設であり、かつては7群が存在したユニットハウス群のサイン、今も残るセミナー室に、葉の数が異なるものが見られる。

いろいろな形・色

ピラミッド型

1970年に生まれた長期館は、それまでに設計した建物とはあえて違えて、木造のような姿。曲面も使わず、宿泊ユニットを分散配置するのではなく、立体的に集合させている。狙っているのは、ばらばらでありながら一つであること。吉阪隆正は「不連続統一体」という理念を掲げ、個性的なU研究室のメンバーに設計を委ねた。他にも、中央セミナー館の内部空間、タイル貼りの浴室など、そこにしかないシーンが印象に残る。

かつても今も。新宿のミーティングポイント

タイルにサインにホールまで見どころ尽きぬ親しみやすいビル

シンプルな品格。でも欲張りです。1階と地下が名店街。上には427席の紀伊國屋ホール。書店、事務所が入り、正面からの通路で裏の通りに抜けられるようになっています。

建築家の前川國男が、この場所に紀伊國屋書店の建物を設計したのは2度目。前回、紀伊國屋書店の創業者・田辺茂一に依頼されて、1947年に建てられたのは、木造2階建の店舗でした。吹き抜けがあり、ギャラリーを備え、大きなガラス窓が店内を文化の光で照らしました。

その後、建て替えにあたり新宿に文化交流の場をという田辺の期待はさらに高まっていました。この頃は建物の軒高が31mまでに決まっていました。細長い敷地にホールを入れるのは大変ですが、設計によって見事に収め、タイルの柄が床を彩り、向井良吉の彫刻も楽しめる名ホールが完成しました。

当時の建築基準法では、高さが限定される代わりに、敷地いっぱいまで建てることができました。しかし、あえてそうはせず、大通り沿いに誰もが立ち止まれるスペースを設けました。両脇の壁は人々を迎え入れる腕のように広がっています。コンクリートに打ち込んだタイルの重厚さは、建築を通じて都市に文化の場を永く提供する意志として感じられます。

強く、洒脱に、まだ見ぬ未来に期待していたかつての知識人、田辺や前川が存在したことの証のような建築です。

紀伊國屋ビルディング

Kinokuniya Bldg.

1964

前川國男

Kunio Maekawa

SRC造 9階、地下2階

●ACCESS

新宿区新宿 3-17-7

JR「新宿」徒歩3分、東京メトロ副都心線・丸ノ内線・都営新宿線「新宿三丁目」直結

●DATA

●紀伊國屋書店 新宿本店

営:10:30〜21:00 年中無休

紀伊國屋ホール

国内有数の中劇場として知られる紀伊國屋ホール。丁寧に作られた、変わらない内装の両サイドに、向井良吉の彫刻「殷の銅器」が取り付けられている。ビル入口の「紀伊國屋書店」の文字も向井の作品だ。

売り場からホールへ

各階とも基本的に長手方向の片側に通路をとった合理的な構成。ホワイエにも打放しコンクリートの柱が現れている。床のタイルの濃淡が彩りと変化を添える。

禁 煙
SMOKING
5 10 15 20

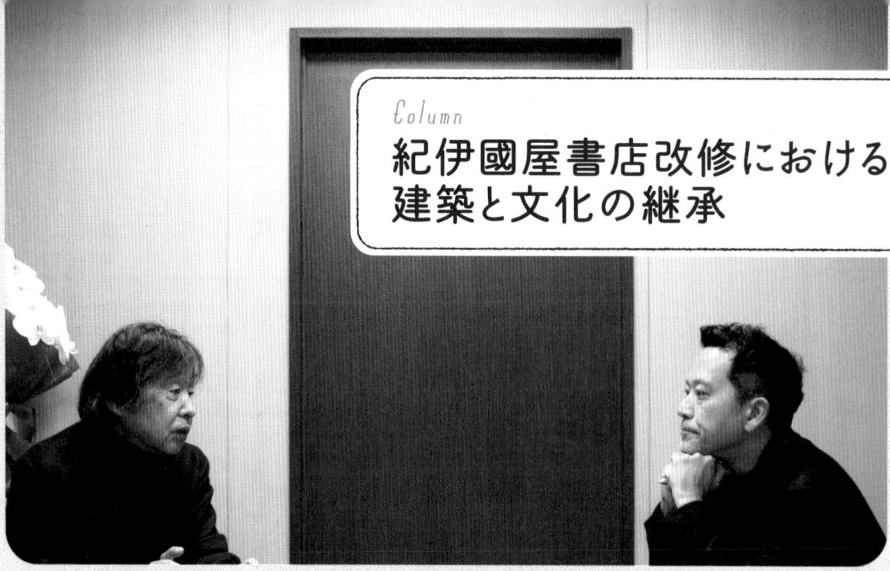

Column

紀伊國屋書店改修における建築と文化の継承

1964年に建てられた紀伊國屋ビルディングは、近年耐震工事を含む大規模な改修工事を行っています。工事を担当したのは、設計者である前川國男の系譜を受け継ぐ前川建築設計事務所。工事を担当した江川徹さんと事務所代表の橋本功さんに、今回の改修工事について語っていただきました。

吹き抜け部分を補強する

江川　紀伊國屋ビルディングは、２０１３年11月に施行された改正耐震改修促進法の対象となり、耐震診断の結果を東京都に報告する必要が生じました。その段階で、紀伊國屋さんから前川建築設計事務所に耐震診断をしたいというお話がありまして。診断の結果、建物の耐震性能が低く、耐震補強工事の必要がありということになりました。

倉方　それはいつ頃？

江川　耐震工事自体は２０１９年に契約していますね。１９８７年頃大規模改修は行っていたのですが、30年は経っていたので設備機器の老朽化もあり、耐震補強工事をしつつ、同時に基幹設備の更新工事もすることになりました。

倉方　工事は難しい内容だったのですか？

江川　紀伊國屋ビルディングは長い長方形の建物。両サイドに壁があるので比較的問題ないのですが、１階の広場の２層吹き抜け部分が構造的に弱い。しかも、ここに耐震壁を入れたくても、１階通路の両サイドに店が並んでいるのでそれは難しい状況でした。そこで中柱で補強して、それでも耐震性能が不足する場合は、耐震壁を追加していこうという考え方で構造設計を進めています。

倉方　紀伊國屋ビルディングは、店舗棟とホール棟がありますね。

江川　耐震補強も２つの計画で分けています。吹き抜けのある店舗棟の方が耐震性能が低かったため、真ん中に耐震壁を加え、中柱の補強をしていく。広場の独立柱は紀伊國屋の象徴でもあるので、できるだけいじらないようにしています。

橋本　基本的には２棟の建物に耐震補強工事を施工し、耐震壁を上と下でつなげるという考え方です。

工事に合わせて本をパズルのように移動

江川　工事内容としてはそれほど難しいものではありませんが、工事条件として「いながら改修」というのがありました。紀伊國屋さんが営業を続けるなかでの夜間工事が絶

1947年竣工時の紀伊國屋書店内観。

1947年竣工時の紀伊國屋書店外観。

対条件だったので、工期は38カ月かかっていますね。

橋本　夜の10時までは紀伊國屋さんが店舗営業や片づけをして、夜中の11時から工事をスタート。明け方の5時に工事を終了という流れを繰り返していました。さらに、工事箇所が決まったら、それに合わせてフロアの責任者たちが書籍の移動。それも単に動かすのではなく、売り場としてお客さまにわかりやすいように動かすという、表には出ない紀伊國屋さんの努力もありました。

江川　ワンフロアを2工区や3工区に分け、パズルのように書籍を移動させていましたね。また、「春は教科書が入るからこのスペースは工事を避けてほしい」といった書店側の運営計画もあるので、施工側と施主で考えながらこのパズルをくり返していました。

倉方　書店での工事というのは、すごく特別ですよね。

江川　しかも書籍は可燃物なので、その点も気を遣いました。耐震柱の補強をする時は、施工を担当した清水建設が特許を持つ乾式の鉄板巻補強を採用。火を使わずに溶接しています。

当時は東京オリンピックの準備を進めている時期だったので、建築資材が不足しており、鉄骨を発注しても3〜4カ月かかる状況。そのなかで、あらかじめ試験施工を行い、躯体までの距離の確認や穴開けなども完了させ、でき上がった状態にすることで工期を短縮していきました。

倉方　都心の真ん中、新宿で工事する難しさもあったことでしょう。

江川　紀伊國屋ビルディングがある新宿通りでは、昼間は車両を駐車することができません。耐震壁を施工する時も、夜間工事の4時間でコンクリートを打ち切る必要がありました。店舗と細かく調整するパズルのような難しさがあった半面、工事内容自体はそれ程難しいものではなかったのですが、結果としてこうした条件下で複雑な耐震補強工事を行わなくてよかったなと思います。制限のある工事時間と条件の複雑さを考えると、事故が起きかねなかったので。

倉方　厳しいタイムスケジュールでしたね。

江川　厳しいお施主さんでした(笑)。工事途中にコロナ禍があり、書店の営業時間が短くなったことで、結果的に工事時間が長くなって、少しラクになりましたね。

営業しながら工事する「いながら改修」

倉方　書店の営業を続けながら工事をするという「いながら改修」というのは、やはり大変でしたか。

前川建築設計事務所代表
橋本功氏

橋本　工事計画に沿って2週間以上前から準備を進めていました。書籍の移動の計画、書棚の移設計画、本を片づけたら書棚を動かすために担当の天童木工がつき添い、工事が終わったら元の配分に戻し、店員が一斉に書籍を戻すという作業をくり返します。そのために、工程計画や工事記録も書店の販売責任者と常にやり取りして、内部でかなり調整してもらっていましたね。

そうしたバックグラウンドがあったからこそ、これだけの日数で工事を終わらせることができました。

倉方　今の時代、施主と施工者は分離していることが多く、ともすれば商品を買うだけのお客さんになりがち。今回の改修工事では、みんな一緒にプロジェクトを進めているという当事者感も素晴らしいですね。

橋本　売り場の皆さんがすごいなと思いましたね。お客さまにとって、どういうレイアウトがわかりやすいのかをよく理解している。工事期間中は毎週金曜日に定例会議を行い、進捗状況やスケジュール調整を確認していました。

竣工当時の面影をそのまま生かしたい

倉方　紀伊國屋さんとしてはこの建物を残し、そのまま使い続けるという方針をどこで決断されましたか？

紀伊國屋担当者　フラッグシップとしての書店という理由で、外観と構造を変えたくないという強い思いがありましたね。ただし、工事で1回書店を閉めてしまうとお客さまや出版社にご迷惑をおかけしてしまうので、営業はそのまま続けたい。「建物を残す」と「書店を閉めない」という2つの命題がありました。

倉方　建築、特にモダニズム建築や近代建築は「合理的」「機能的」というイメージで、顔がない建物だと誤解されがちです。紀伊國屋ビルディングのように60年近く経た建物が、今もフラッグシップとしての顔となっているのは喜ばしいことです。

橋本　紀伊國屋としての特性もあると思いますね。田辺茂一氏は新宿の焼け跡から始め、「文化人のセンターを作りたい」と紀伊國屋をつくり、劇場やギャラリーもつくりました。また設計を担当した前川國男も、単なる本屋ではなく街のなかの1つの風景として、テナントが入り、ビルのなかに路地があるという新しい提案をしています。

当時は都市計画がさかんで、都市と建築の融合が進んでいた時代。

前川建築設計事務所 一級建築士
江川徹氏

1964年、前川國男設計による紀伊國屋ビルディング外観。

そのなかで生まれた紀伊國屋は、新宿の文化の象徴です。ファサードはこの紀伊國ビルディングの「顔」だけではなく、新宿の文化の「顔」。紀伊國屋ホールは、演劇作家らにとって演劇の「顔」です。今回の改修工事で通路やホールを残したのは、紀伊國屋の存在そのものだからです。

倉方　設計者の前川國男は文化人でもあり、ホールや図書館も手がけている。創業者の田辺氏とは年齢も近く、お互いに共鳴する部分があったのかもしれませんね。

橋本　そうだと思いますね。二人が残した思想性を、紀伊國屋さんは誇りに思っているのだと思います。

　紀伊國屋ビルディングは、全国展開する紀伊國屋の本店でもあり、紙文化としての本屋の象徴でもあります。書店で本を手に取り、本に親しむという文化がまだここには残っている。紀伊國屋ビルディングには現代建築の「顔」という要素もありますが、文化の象徴として新宿に存在する意味があるので、変えないという事が大事です。

倉方　通り抜けできる通路があり、これだけの幅しかないのに劇場がある。こうした機能と空間が立体的に融合している、他にはない存在ですね。安全性をキープしながら機能させ続けるというのは、ある意味必然的な流れだったのでしょう。

橋本　改修工事によって紀伊國屋の機能を止めると、演劇の上演も止まり、地下街も殺風景になる。街の風景がひとつなくなるわけです。今回の改修工事では、外観はほぼそのまま生かしていますが、両サイドのモダンなビルに対し、戦後のモダニズムデザインが並んでも、決して負けていませんよね。いい意味で変わらず、紀伊國屋の古風さが生きた改修となりました。

倉方俊輔

Column

建築家ものがたり 4 坂倉準三

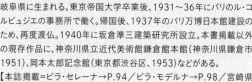

Junzo Sakakura
(1901-1969)

岐阜県に生まれる。東京帝国大学卒業後、1931〜36年にパリのル・コルビュジエの事務所で働く。帰国後、1937年のパリ万博日本館建設のため、再度渡仏。1940年に坂倉準三建築研究所設立。本書掲載以外の現存作品に、神奈川県立近代美術館鎌倉館本館（神奈川県鎌倉市、1951）、岡本太郎記念館（東京都渋谷区、1953）などがある。
【本誌掲載＝ビラ・セレーナ→P.94／ビラ・モデルナ→P.98／宮崎県東京ビル→P.128／東京日仏学院→P.144】

コルビュジエ譲りの思想で 家具から都市までデザイン

不思議にも戦後、最も成功した建築設計事務所の所長である坂倉準三は、建築学科の出身ではないのです。世の中が固まっていなかった明治の初めを除けば、この国では例外的な事態。

東京帝国大学文学部に入学した坂倉は、美術史を専攻していました。在学中にル・コルビュジエの本を読み、彼に学びたいと考えます。1929年に渡仏。1931年から5年間、コルビュジエの事務所で働きます。

1940年に坂倉準三建築研究所を設立。戦後、南海電鉄の仕事を皮切りに、東急の渋谷、小田急の新宿、近鉄の名古屋と、各社が基幹とする駅周辺の大規模な整備に関わり、都市計画的な仕事で躍進します。

公共建築の名作も多いのです。戦後的な美術館の姿を鮮明に示した《神奈川県立近代美術館》（1951）、故郷の《羽島市庁舎》（1959）、反り屋根がダイナミックな《枚岡市庁舎》（1964）など。いずれも伸びやかなデザインが、発展する戦後日本の象徴です。民間の《塩野義製薬研究所》（1961）なども同様。《松本幸四郎邸》（1957）はモダンな邸宅です。事務所が大きくなっても、住宅の依頼を受け続けるのが坂倉のポリシーでした。室内の低座イスも事務所でデザイン。担当した長大作は後に独立し、戦後を代表するインテリアデザイナーの一人となります。

坂倉は、家具から都市までというコルビュジエの精神を、日本で最も実現したといえます。人間が使う点でそれらに違いはない。その原点に立ち返った建築家のデザインが、少しづつでも世界をよくしていくと信じていました。そんな姿勢は坂倉の弟子たちにも引き継がれます。

名作《塔の家》（1966）は坂倉の大阪支所に入った東孝光が、巨大な新宿西口広場の担当として派遣された際、自宅として設計した狭小住宅です。弟子の個性を規格化しない性格も、コルビュジエ譲りかもしれません。

坂倉は強靭な人物でした。建築は工学的でも、企業的でもありながら、それだけではない。そんな本来の自由さを、日本の中でも失わず、周囲を感化し続けました。例外的な経歴と精神の持ち主である坂倉が日本の建築界の中心で活躍できたことが、戦前から戦後の高度成長期までの激動の時代を象徴しています。

Area-5

エリア5

世田谷エリア

Setagaya

1964年東京五輪のシンボル

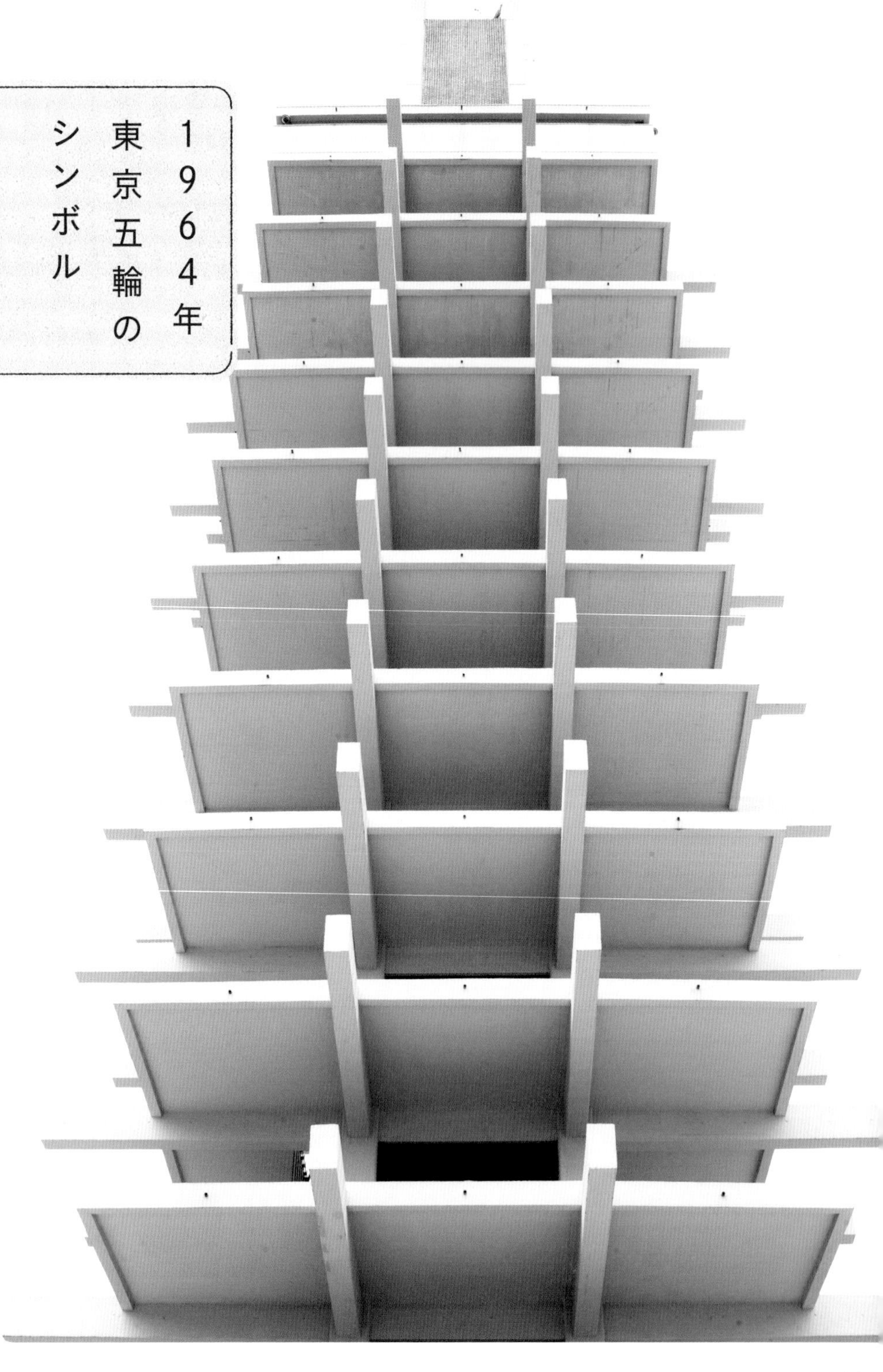

見上げてごらん管制塔を ディテール探して歩こう

今も毅然として新鮮な空間は、1964年オリンピック東京大会の第2会場として整備されました。正面中央に管制塔がそびえています。左右には陸上競技場と体育館が向き合い、その間の広場には1本の木もありません。人工的に作られたことを隠そうとしていないのです。

道路とレベル差を設けて切り離された広場であるという印象を、整然とした敷石が強調しています。モダンな割り切りとヒューマンな成熟のバランスが抜群なのでしょう。半世紀後の今、思い思いに人が行き交える、都会的な広場として機能しています。

収容人員約2万人のスタンド席を備えた陸上競技場は1964年オリンピック東京大会のサッカー会場でした。構造体そのものの形であるダイナミックな庇が、チャーミングな表情を投げかけています。

体育館はレスリング会場として使われ、レスリング競技で参加国最多の計5個の金メダルを日本にもたらしました。アリーナを広場より低い位置に設けているため、圧迫感がありません。羽を広げたような屋根は公園のシンボルです（2024年現在改修工事中）。

巨大さと親しみやすさを両立させる工夫は、日本建築の柱梁を連想させる管制塔の形にも。足元の池には色鮮やかなタイルが潜んでいます。他にも、電灯や柵など、伝説のオリンピック大会から引き継がれたディテールも探してみてください。

駒沢オリンピック公園 体育館・管制塔

Komazawa Olympic Park Gymnasium & Control Tower

1964

芦原義信
Yoshinobu Ashihara

SRC造2階・8階、地下1階・地下2階

駒沢陸上競技場

Komazawa Athletics Stadium

1964

村田政眞
Masachika Murata

RC造 2階

管制塔（オリンピック記念塔）は公園の電気・ガス・水道・通信の中枢であると同時に、1964年オリンピック東京大会を記念する公園のシンボル。地上12階で上に10mの給水槽が乗り、高さが50mある。池には聖火台も残されている。

●ACCESS
世田谷区駒沢公園1-1
東急田園都市線「駒沢大学」徒歩約15分

※体育館は2025年6月頃まで休館予定。

まるで花びらのような

陸上競技場を設計した村田政眞は、これ以前に東京国際貿易センターや東京都屋内プールを手掛けたが、ともに現存しない。構造美あふれる大規模建築を得意とした。ここでも花びらのような構造の庇に個性が見られる。

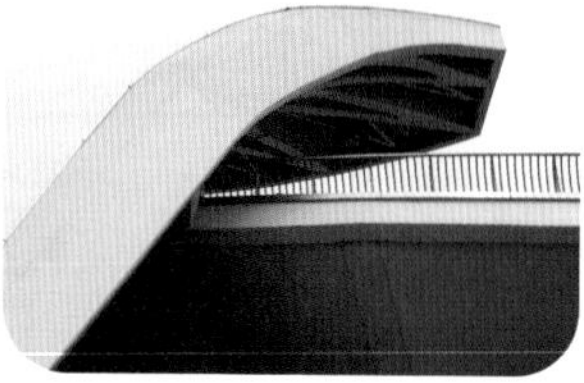

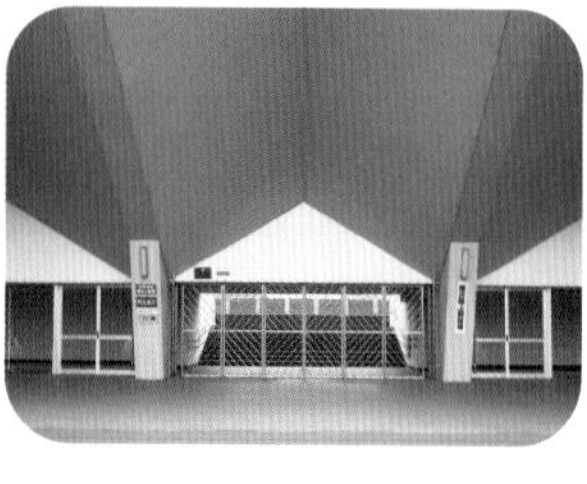

1

上下をつなぐ螺旋階段が、貝を思わせる形をしている。人の動きの立体的な整理が、この公園の特徴となっている。

2ヘクタールある広場の大部分が自然石(花崗岩)を敷き詰めた石畳となっている。4枚のシェルを組み合わせ、高さを低く抑えた体育館の屋根が、風景の一部のように見える。

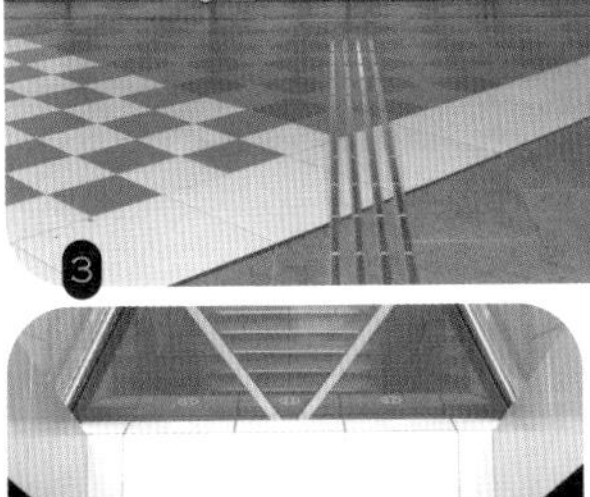

一時は建て替えも検討された体育館だが、1964年オリンピック東京大会を記念する場所であること、耐久性が確認されたことなどから、1993年に大規模な改修が行われ、使い続けられることになった。

幾何学的な形で構成

※写真1)2)3)4)5)は体育館改修工事に伴い、形状が変わる可能性あり。

●*ACCESS*
世田谷区砧7-15-14
小田急線「成城学園前」
「祖師ケ谷大蔵」いずれも徒歩10分

●*DATA*
ピアノレッスン、モダンバレエなどの文化教室を開催。詳しくは問い合わせを。

丹下健三のヒューマニズムに触れる

丹下健三のことが、もっと好きになってしまう幼稚園です。完成は1967年。日本に丹下ありと一作一作、世界を驚かせる巨大建築を送り出していた全盛期の作品です。

ゆかり文化幼稚園は1947年、作曲家の弘田龍太郎、日本画家の藤田復生、妙子夫妻によって設立されました。同じ成城学園に丹下が住んでいることを知り、新園舎の相談に行ったところ、意外にも設計を引き受けてくれることに。幼稚園を手が

ゆかり文化幼稚園
Yukari Bunka Kindergarden

1967

丹下健三
Kenzo Tange

RC造 2階、地下1階

けるのは初めてだからと、園舎を訪れては子どもたちの動きをじっと観察していたと言います。

完成した園舎は、丹下らしく太い筋の通ったデザインです。工場で生産されたプレキャストコンクリートの構造部材を放射状に組み合わせ、真上から見た時に1点に集中する形の中に諸室を収めています。建物の内外を問わず、敷地のすべてを1つのルールで覆っているのです。

その結果、現れたのは、なんて動き回りたくなる空間でしょうか。傾斜した敷地とグリッドでない座標軸が相まって、洞窟と屋上の体験が隣り合っています。せり出した部材が、内部と外部とをつないでいます。情操を育む大きなガラスやむき出しの素材が今もそのままなのは、表現活動を大切にしながら「自分で成長する力」を育むという園の一貫した教育方針の証です。

子どもを大人扱いする、大人たちから未来への本気の贈り物。人間が真ん中にいます。

冒険心を刺激する幼稚園

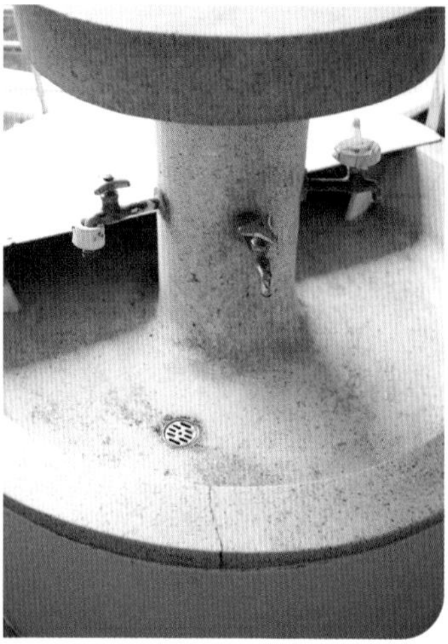

いろんなところが丸いです

軒の下の屋外の溜まり場、壁に作り付けられた時計、子どもサイズの水飲み場……、大小に関係ない円形のルールが展開されて、見え隠れする楽しさが成立している。

こんなところに……？

弧を描いた壁から突き出した円形は、完成時に取り付けられた園庭用のスピーカー。現在は使われていないが、不思議なオブジェのように残されている。

構造体の屋根をガラスで囲った部分が屋内で、そうでない所が屋外。建物の中に部屋を並べて廊下でつなぐというのではない建築家の発想が、子どもに自分の好きな領域を選ぶ権利を与えている。

温かみのある木製建具

ひとつひとつデザインされた木製の建具やサッシ。半世紀にわたって、大事に使われている。幼児向けの施設でこれだけガラス面があることは珍しいが、かえってぶつからないと言う。椅子も設計者が選んだ天童木工製のもの。

ゴージャスな照明がキラキラ

吉田五十八・一流の地味派手デザイン

魅了する輝き、陰と暗がり、織物の風合い……。図面に描けなさそうなものが、ここでは主役です。三越創業300年の記念事業の一つとして1972年に建設され、現在は近くにメインキャンパスがある駒澤大学の深沢キャンパス内にあります。

通りの裏手に庭園が広がり、そこに面して洋館や大ホール、中ホールなどがあります。郊外から都市の一部に変わりつつあったこの場所に、百貨店の歩みを語る記念館であり、迎賓施設として作られたのでした。

玄関を入ったロビーから贅沢です。高い天井、きらめくシャンデリア。足音を埋める厚いカーペットも、同様に柄に気遣われた壁紙も、迎え入れられている感覚です。ガラスの向こうに中庭が覗いています。

設計者の吉田五十八は、江戸の呉服店に始まり、昭和に大規模化した百貨店のために、和風と洋風を結ぶ

1）玄関から長く続く導入部のロビー。展示室以外は平屋建てのため、天井は高く、吊り下げ照明が効果的だ。正面に中庭が見える。 2）ロビーから続くサロンは、庭との間を全面ガラスとした開放的で大きな空間。床には厚い手刺緞通（だん）のカーペットが敷き込まれ、壁には裂地（きれじ）貼りが使われている。

●ACCESS
世田谷区深沢6-8-18
東急田園都市線
「駒沢大学」徒歩15分

●DATA
一般非公開。毎年春と秋に庭園を開放。詳細は駒澤大学Webサイトにて。

駒澤大学深沢キャンパス 洋館（旧・三越シルバーハウス）

Komazawa University, Fukazawa Campus, Western Style Bldg.

1972

吉田五十八
Isoya Yoshida

RC+S造 2階

建築を贈りました。モダンな大ガラスによって外の庭とともに憩うことと、それに負けない光で人工照明の世界を作り出すことを、合理的な平面計画の上に実現させています。地味派手なデザインが彼一流です。

高度経済成長の豊かさを享受していたこの時代、日本らしい豪奢とは何かに応えることも、モダンな建築家に求められる役割でした。

明かりをつけていないときにも存在感のある照明の数々は、彫刻家・多田美波の協力によってデザインされた。大阪のリーガロイヤルホテルの照明も吉田と多田の共作。明かりを灯すことで、透明性を増して姿を変える。

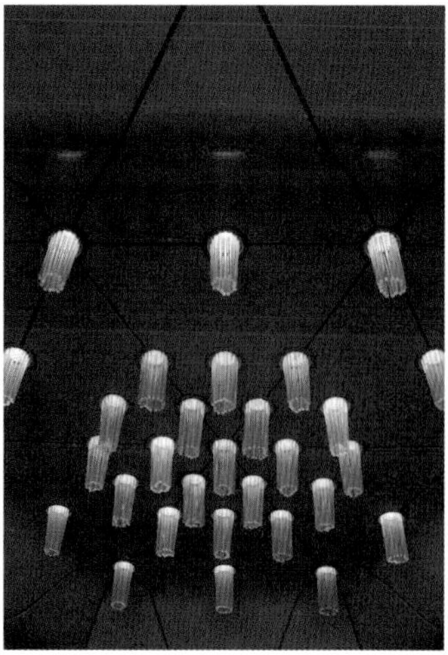

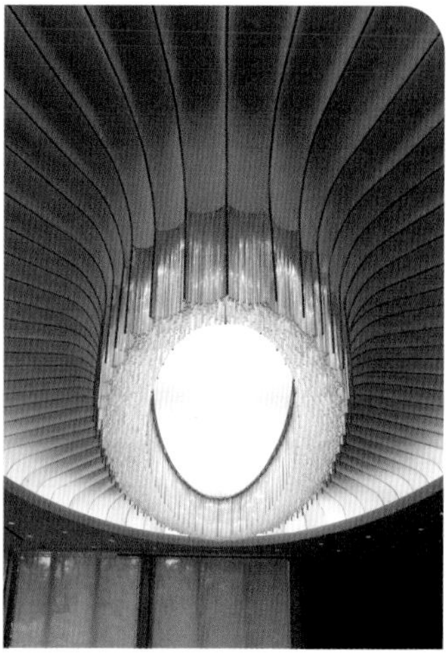

ゴージャスな照明

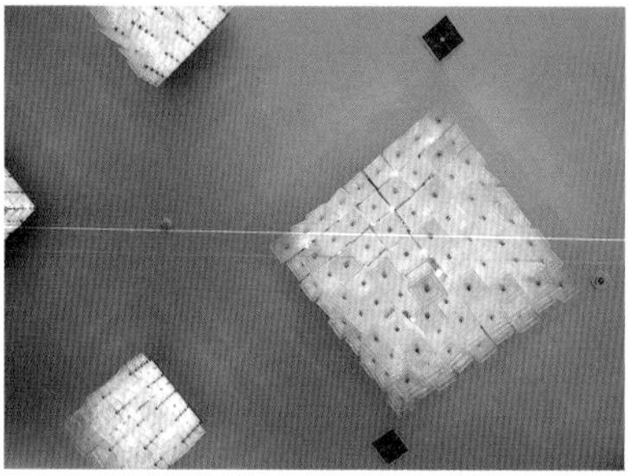

当時の雰囲気そのままに

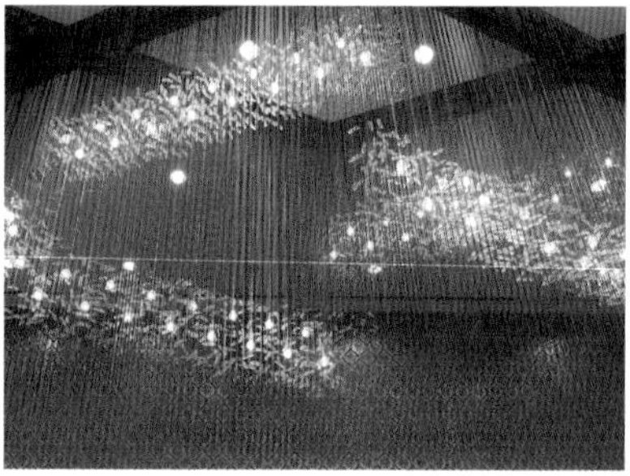

絨毯や壁紙も見どころ。一見すると和風に思えるロビー上部の壁紙にアメリカ製のものを用いるなど、和洋の境を紛らわせ、機知に富んだ豪華さを生み出している。

カントリーハウスをモダンに

外は和のディテール

1）庭からの眺め。左手の池に張り出した部分が食堂で、右手に位置するサロンとは池の上の渡り廊下で結ばれている。壁の上部や欄干には抽象化しながら、モダンな素材で表現された和のディテール。

神聖だけど大胆な寺院

満願寺
Manganji Temple
1969
吉田五十八
Isoya Yoshida
RC造 平屋

社寺建築の常識から抜け出した斬新さ

普通の寺院とは違った姿で、凛と張り詰めた空気を作り出しています。
屋根に重々しい瓦はありません。軒先もあっさりしています。金属葺きで一体に見えるので、微妙な反りを持つ屋根の全体形が記憶に残ります。伝統的なバランスを保ちながら、細部を省略した形であることが分かります。その下の柱と梁がぶつかった所には通常の組物ではなく、白い小口を見せて規律づけています。
おかげで柱間(はしらま)が数えやすくなっています。日本の社寺建築では柱と柱の間を柱間と呼んで通常は同じ建物なら間隔は同一、柱間の数でその建物の規模を表現します。
この寺は一、二、三……四間! 過去の社寺建築にはまず登場しない偶数の柱間。それにもかかわらず、正面扉を二間分として中央に額を置くことで異様に思わせません。
目に入る要素を減らし、線と面の

光あふれる客殿へ

本堂と客殿はガラス張りの渡り廊下で結ばれ、障子を閉めた時にも外光を本堂内部に届ける。客殿も書院造に根ざしながら、天井に照明を仕組むなど、モダンで簡潔な造り。

圧倒される天井

空間性が際立つ本堂内部。105畳敷きの外陣と板張りの内陣を、中央が高くなった天井が包み込む。四方からの垂木と格天井は木材ではなく、成形したアルミをメラミン樹脂で仕上げたもの。

デザインの省略

鉄筋コンクリートで伝統的な寺院の形を真似るのではなく、新たな美をめざして細部は極限まで抽象化されている。設計者は、将来的に客殿と向き合う位置に講堂を建て、左右対称に中庭を囲みたいと考えていた。

構成を印象付けます。しかも、常識からさらりと抜け出ます。そんな手法は内部も同様。住宅に似たシンプルな室内だからこそ、障子の清涼感が際立ちます。屋根の傾斜をそのまま表したような天井は歴史的に見れば異例ですが、求心的な祈りの空間として納得がいきます。

本堂と庫裏と門で形成される外部空間も神聖なデザインです。設計者は室町時代末からこの地で信仰されてきた寺院の境内を手がけるにあたり、木造ではなく鉄筋コンクリートだから可能な新たな形を求めました。

●ACCESS

世田谷区等々力3-15-1

東急大井町線「等々力」徒歩3分

Column

建築家ものがたり 5 吉田五十八

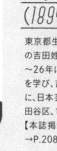

Isoya Yoshida
(1894-1974)

東京都生まれ。父が五十八歳の時に生まれたので五十八と命名、母方の吉田姓を継ぐ。東京美術学校を卒業した後に事務所を開設。1925〜26年にヨーロッパやアメリカを旅行。名工などから和風建築の手法を学び、吉田流の近代数寄屋を確立する。本書掲載以外の現存作品に、日本芸術院会館（東京都台東区、1958）、五島美術館（東京都世田谷区、1960）、岸信介邸（静岡県御殿場、1969）などがある。
【本誌掲載＝駒澤大学深沢キャンパス洋館（旧・三越シルバーハウス）→P.208／満願寺→P.212】

和風と洋風をモダンの技で結んだ

国民作家のように社会に受け入れられた建築家は、戦後に登場しました。それが吉田五十八。生まれは日本橋呉服町。父は太田胃散の創業者・太田信義です。東京美術学校を1923年に卒業した後に外遊。しかし、学生時代から憧れていたヨーロッパのモダン建築は期待外れでした。逆にゴシック建築やルネサンス建築の息吹に圧倒され、「日本人は日本建築によって西欧の名作と対決すべき」という考えに至ります。

初めの頃の実作は、東京美術学校の友人や先生の紹介で、鏑木清方、小林古径、川合玉堂ら、日本画家のアトリエや住宅が中心でした。時代の最先端を切り拓く個性的な面々の注文に応えながら、吉田は日本の伝統と現代の趣味を合わせたデザインを編み出していきます。

吉田流の近代数寄屋は1936年、《吉屋信子邸》で確立されました。20代で流行作家となった吉屋は、大正時代から畳のない白いペンキ塗りの洋館に暮らしていましたが、1年近くパリやアメリカを旅行して1929年に帰国すると、それが物真似のようで色あせて見えたといいます。かといって、薄暗く陰気な古い日本の家も嫌。「日本特有の数寄屋づくりの情緒と匂いをほどこした中に、近代的衛生設備をほどこしてある家」を夢見ていた彼女が《小林古径邸》に出会い、設計者の吉田に任せて生まれた住宅です。

あっさりとして、ごてごてした床柱などない造り。外からは和風ですが、内部は基本的に椅子式です。吉田は和風と洋風の融合という明治以来の懸案に対して、モダンなデザインを導入して、人々に納得されるような解答を与えたのです。

戦後にモダンが主流になると、吉田が編み出した、床から上げた畳敷き、大ぶりの障子の組子、天井組み込みの和風照明といったデザインが社会に流布していきました。彼の影響があまりに大きいので、今や昔からの伝統に思えるほど。

高度成長期に入ると、美術館、ホテル、会館といった大規模な建物も多く依頼されます。相手の求めに応じながら創意を発揮し、平安調や桃山調とデザインの幅を広げていきました。吉田が磨いた芸の数々は、国民的芸術としてのモダンを浸透させるうえで大きな役割を果たしたのです。

Column

建築家ものがたり
6 丹下健三

Kenzo Tange
(1913-2005)

大阪府に生まれ、今治市や広島市で育つ。東京帝国大学卒業後、1938〜41年に前川國男建築事務所に勤務。1946〜74年に東京大学工学部建築学科助教授、都市工学科教授を務める。本書掲載以外の現存作品に、国の重要文化財に指定されている広島平和会館本館(広島市中区、1955)、香川県庁舎(香川県高松市、1958)、山梨文化会館(山梨県甲府市、1966)などがある。

【本誌掲載=静岡新聞・静岡放送東京支社ビル→P.56/カトリック東京カテドラル関口教会 →P.164/ゆかり文化幼稚園→P.204】

機能的かつ人々を安心させる建築

何と言っても、世界のタンゲ。国際的に著名な建築家が多い日本ですが、その筆頭が丹下健三です。しかも丹下研究室や設計事務所から、槇文彦、磯崎新、黒川紀章、谷口吉生といった世界的建築家を輩出しています。

続く者のいない前提として、戦後日本の復興と時が合っていたことがあります。初の実作は1949年のコンペで勝ち取った《広島平和記念公園》。人類の頭上に原子爆弾が落とされた国際的な悲劇と、二度と起こしてならないという誓いを永遠のものにするには、具体的な形態だけでは力が足りないでしょう。丹下は建物を構成して、原爆ドームへの軸線に基づいた場を生み出し、永遠の空間を地上に刻みました。

1964年、アジアで最初のオリンピックが東京で開催されると、師の岸田日出刀が《国立代々木競技場第一・第二体育館》という狙いすました球を投げ、国外ホームラン級の設計で応えます。1970年の大阪万博ではお祭り広場を中心とした会場計画を受託。門下生の才能を結集し、成功に導きました。個々人に寄り添うというよりも、集団をまとめ上げる丹下の才能が存分に発揮された仕事です。

激動の20世紀になっても、建築家という職業は時代遅れになりませんでした。モダン社会は変化が激しく、前例のないもの。建築家は自己定義を拡張し、だからこそ、生活空間の再編に対して解答を与えられるのは自分たちだと打ち出します。

説得力のあるシステムを与えられる丹下の思考は、それにぴったり。しかも戦後、再出発したアジアの島国が特に求めていたものでした。ポイントは「説得力」。「美しきもののみ機能的である」とは、広島平和記念公園の計画を発表した際の丹下の言葉です。集団をまとめ上げる建築は、機能的なだけでは不十分。状況を再編し、「機能的である」と人々を安心させなくてはいけません。姿を持つ建築は、どうやってもシステムそのものにはなれない代わり、その形で論理を超えて感情を納得させられます。

高度成長期が終わると、彼の思考を展開した弟子たちが新時代を開きます。対照的に丹下の活動の軸は東南アジアや中東へ、システムを美しい形として現す20世紀型の建築がまだ求められていた場所に向かいます。

	建築（東京／東京以外／国外） ※「†」は現存しないもの		社会の動き／建築界の動き	『東京レトロ建築さんぽ』『東京モダン建築さんぽ』掲載物件
1868	築地ホテル館（ブリジェンス＋清水喜助）†	明治元年	江戸開城／神仏分離令／戊辰戦争（-1869）	
69	新潟運上所（現・旧新潟税関庁舎）	2年	東京・横浜間に電信開通	
70	オスマンのパリ改造（1853-1870）	3年		
71	靖国神社高燈篭／横須賀製鉄所（ヴェルニー）†／泉布観（ウォートルス）	4年	廃藩置県／郵便事業開始／シカゴ大火	
72	第一国立銀行（清水喜助）†／新橋停車場（ブリジェンス）†／富岡製糸場（バスチャン）	5年	銀座大火／学制公布／新橋・横浜間に鉄道開通／福沢諭吉『学問のすゝめ』（-1879）	
73	銀座煉瓦街（ウォートルス、-1878）†	6年	キリスト教解禁／工部省工学寮の造家学科に辰野金吾ら第1期生が入学	
74	為替バンク三井組（清水喜助）†／駅逓寮（林忠恕）†／パリのオペラ座（ガルニエ）	7年		
75	見付学校（伊藤平左衛門）／睦沢学校（現・甲府市藤村記念館、松木輝殷）／中込学校（市川代治郎）／尾山神社神門（津田吉之助）	8年		慶應義塾大学三田演説館（曾禰中條建築事務所）
76	開智学校（立石清重）／舂米学校	9年		東京医学校本館（現・東京大学総合研究博物館小石川分館）
77	常磐橋／華族学校正門（現・学習院女子大学正門）	10年	西南戦争／工部省工学寮が工部大学校に改称／ジョサイア・コンドル来日／第1回内国勧業博覧会	
78	妙法寺鉄門／福住旅館萬翠楼／済生館本館／札幌農学校演武場（現・札幌市時計台）	11年		
79	築地訓盲院（コンドル）†／三重県庁舎（清水義八）	12年	工部大学校造家学科第1期生が卒業	
1880	豊平館（安達喜幸）／岩科学校（菊地丑太郎＋高木久五郎）	13年	官営工場払い下げ概則	東京図書館書庫（現・東京芸術大学赤レンガ1号館、林忠恕）
81	上野博物館（後・東京帝室博物館、コンドル）†／水海道小学校（羽田甚蔵）／西田川郡役所（高橋兼吉＋石井竹次郎）	14年	国会開設の勅諭	
82		15年		
83	鹿鳴館（コンドル）†／伊達郡役所（山内幸之助）／新潟県議会議事堂（現・新潟県政記念館、星野総四郎）	16年		
84	宝山寺獅子閣（吉村松太郎）／鶴岡警察署庁舎（高橋兼吉）／同志社大学彰栄館（グリーン）	17年	コンドルに代わり辰野金吾が工部大学校教授に	
85	銀行集会所（辰野金吾）†／東山梨郡役所（赤羽芳造）	18年		
86		19年	造家学会創設／工部大学校が新たに設立された帝国大学工科大学に改組／エンデ・ベックマン事務所が官庁集中計画を作成	東京図書館書庫（現・東京芸術大学赤レンガ2号館、小島憲之）
87		20年		
88	明治宮殿†／渋沢栄一邸（辰野金吾）†／北海道庁本庁舎（平井晴次郎）／登米高等尋常小学校校舎（現・教育資料館）	21年		
89	明治学院インブリー館／歌舞伎座（高原弘造）†／エッフェル塔（エッフェル）	22年	大日本帝国憲法公布／東京美術学校開校	

1890	帝国議会仮議事堂(吉井茂則)†/帝国ホテル(渡辺譲)†/東京音楽学校本館(現・奏楽堂、山口半六+久留正道)/凌雲閣(バルトン)†	23年	第1回帝国議会/丸の内一帯の土地を三菱に払い下げ	
91	ニコライ堂/日本水準原点標庫(佐立七次郎)	24年	濃尾地震	
92		25年		
93	シカゴ万国博覧会日本館「鳳凰殿」†/タッセル邸(オルタ)	26年		
94	東京府庁舎(妻木頼黄)†/三菱一号館(コンドル)†/帝国奈良博物館(現・奈良国立博物館なら仏像館、片山東熊)/ギャランティ・ビル(サリヴァン+アドラー)	27年	日清戦争(-1895)	
95	深川不動燈明塔(佐立七次郎)/帝国京都博物館(現・京都国立博物館明治古都館、片山東熊)/平安神宮(木子清敬+伊東忠太)/リライアンス・ビル(バーナム+ルート)	28年	第4回内国勧業博覧会が京都で開催	司法省庁舎(現・法務省旧本館、エンデほか)
96	日本銀行本店本館(辰野金吾)/新宿御苑旧洋館御休所(片山東熊)	29年		岩崎久彌邸(現・旧岩崎家住宅洋館、コンドル)
97		30年	ウィーン分離派結成/造家学会を建築学会に改称(現・日本建築学会)/古社寺保存法制定(-1929)	
98	ゼツェッション館(オルブリッヒ)/田園都市(ハワード)	31年		
99	東京商業会議所(妻木頼黄)†/日本勧業銀行(妻木頼黄+武田五一)†/武徳殿(松室重光)/カールスプラッツ市電駅舎(ワーグナー)	32年		
1900		33年		
01	山形師範学校本館(現・山形県立博物館分館教育資料館)	34年		
02	乃木希典邸(北沢虎造)/フラットアイアン・ビル(バーナム)	35年	日英同盟締結	
03	日本銀行大阪支店(辰野金吾)/ヒル・ハウス(マッキントッシュ)	36年	第5回内国勧業博覧会が大阪で開催/日本にアール・ヌーボーが紹介される	
04	横浜正金銀行本店(現・神奈川県立歴史博物館、妻木頼黄)/大阪図書館(現・大阪府立中之島図書館、野口孫市+日高胖、1922年に第2期工事)/京都府庁(現・京都府庁旧本館、松室重光)/フランクリン街のアパート(ペレ)	37年	日露戦争(-1905)	
05	横浜銀行集会所(遠藤於菟)†	38年		
06	帝国図書館(現・国際子ども図書館、久留正道、1929年に第2期工事)/日本銀行京都支店(現・京都文化博物館別館、辰野金吾)/日本郵船小樽支店(佐立七次郎)/郵便貯金局(ワーグナー)	39年		
07	福島行信邸(武田五一)†/仁風閣(片山東熊)/日本聖公会京都聖約翰教会堂(ガーディナー)	40年	ドイツ工作連盟結成	マッケーレブ邸(現・雑司が谷旧宣教師館)
08	岩崎家高輪別邸(現・開東閣、コンドル)/天鏡閣	41年		東京国立博物館表慶館(片山東熊)
09	東宮御所(現・迎賓館赤坂離宮、片山東熊)/丸善書店(田辺淳吉+佐野利器)†/AEGタービン工場(ベーレンス)/ロビー邸(ライト)	42年		学習院図書館(現・学習院大学史料館、久留正道)
1910	近衛師団司令部庁舎(現・東京国立近代美術館工芸館)/小寺家厩舎(河合浩蔵)/カサ・ミラ(ガウディ)	43年	ライト作品集がヨーロッパで反響	

11	帝国劇場(横河工務所)†／竹田宮邸(現・グランドプリンスホテル高輪貴賓館、片山東熊)／三井物産横浜支店(現・KN日本大通ビル、遠藤於菟)／ロースハウス(ロース)	44年		慶應義塾大学図書館(現・図書館旧館、曾禰中條建築事務所)
12	真宗信徒生命保険会社本社社屋(現・西本願寺伝道院、伊東忠太)	明治45年／大正元年		万世橋駅(現・マーチエキュート)
13	綱町三井倶楽部(コンドル)／学習院皇族寮(現・学習院大学東別館、宮内省内匠寮)／北投温泉公衆浴場(現・温泉博物館、森山松之助)／ウールワース・ビル(ギルバート)	2年		
14	東京駅丸の内駅舎(辰野金吾)／ドイツ工作連盟展(グロピウス+タウトほか)†／新都市案(サンテリーア)／ドミノ・システム(コルビュジエ)	3年	第一次世界大戦勃発(-1918)／東京大正博覧会が上野で開催	日本橋三越本店(横河工務所)／鍋島藩男爵別荘(現・レストランラファエル)
15	島津忠重邸(現・清泉女子大学本館、コンドル)／求道会館(武田五一)／大谷派本願寺函館別院(伊藤平左衛門)	4年		豊多摩監獄正門(後藤慶二ほか)
16	明治学院礼拝堂(ヴォーリズ)／誠之堂(田辺淳吉、埼玉県深谷市に移築)／台南州庁(現・国立台湾文学館、森山松之助)	5年		
17	古河邸(現・旧古河庭園洋館、コンドル)／日本基督教団安藤記念教会(吉武長一)／横浜市開港記念会館／工業都市計画案(ガルニエ)	6年	ロシア革命／フランク・ロイド・ライトとアントニン・レーモンドが帝国ホテル設計のために来日	晩香廬(田辺淳吉)
18	東京海上ビルディング(曾禰達蔵)†／大阪市中央公会堂(岡田信一郎ほか)	7年	米騒動	日本基督教団麻布南部坂教会(ヴォーリズ)／立教大学第一食堂(マーフィー&ダナ建築事務所)
19	旧朝倉家住宅	8年	ヴェルサイユ条約調印／バウハウス開校(-1933)／市街地建築物法・都市計画法公布(軒高100尺制限)	根津教会(メイヤー)
1920	日本工業倶楽部会館(横河工務所)／第三インターナショナル記念塔計画案(タトリン)	9年	国際連盟発足・加盟／分離派建築会が堀口捨己、山田守、石本喜久治らによって結成	
21	明治神宮宝物殿(大江新太郎)／松方正熊邸(現・西町インターナショナルスクール、ヴォーリズ)／ガラスの摩天楼案(ミース)	10年		自由学園明日館(ライト、-1925)
22	東京會舘(田辺淳吉)†／石丸助三郎邸(現・ラッセンブリ広尾、西村伊作)／大丸心斎橋店(ヴォーリズ、-1933)†	11年	ソビエト社会主義共和国連邦成立／平和記念東京博覧会開催	
23	帝国ホテル(ライト)†／丸の内ビルヂング(桜井小太郎)†／ストックホルム市庁舎(エストベリ)	12年	関東大震災	
24	歌舞伎座(岡田信一郎)†／星薬科大学本館(レーモンド)／山邑太左衛門別邸(現・ヨドコウ迎賓館、ライト)／本野精吾自邸(本野精吾)／シュレーダー邸(リートフェルト)／アインシュタイン塔(メンデルゾーン)	13年	同潤会設立(-1941)	鳩山一郎邸(現・鳩山会館、岡田信一郎)
25	東京中央電信局(山田守)†／文化アパートメント(ヴォーリズ)†／東京大学安田講堂(内田祥三+岸田日出刀)／シカゴ・トリビューン本社ビル(ハウエル+フッド)	14年	パリ万国博覧会(アール・デコ博)開催	青淵文庫(現・渋沢史料館、田辺淳吉)／早稲田大学図書館(現・會津八一記念館、今井兼次)
26	同潤会青山アパートメント(-1927)†／内藤多仲邸(現・早稲田大学内藤多仲記念館、木子七郎+内藤多仲)／住友ビルディング(住友合資会社工作部、-1930)／バウハウス校舎(グロピウス)	大正15年／昭和元年		月島警察署西仲通交番(現・警視庁月島警察署西仲町通り地域安全センター)／聖徳記念絵画館(小林政紹)

西暦	作品	昭和	出来事	作品
27	早稲田大学大隈講堂(佐藤功一+佐藤武夫)／一橋大学兼松講堂(伊東忠太)／ドイツ工作連盟住宅展ヴァイセンホーフ・ジードルンク(ミース+コルビュジエほか)	2年	金融恐慌／上野・浅草間に地下鉄開通	カトリック築地教会(ジロリアス神父ほか)／BORDEAUX†／小笠原伯爵邸(曾禰中條建築事務所)
28	黒田記念館(岡田信一郎)／大倉集古館(伊東忠太)／片倉館(森山松之助)／聴竹居(藤井厚二)／ストックホルム市立図書館(アスプルンド)	3年	CIAM(近代建築国際会議)結成(-1956)	旧東京市営店舗向住宅／学士会館(高橋貞太郎ほか)／早稲田大学演劇博物館(今井兼次)、山本歯科医院／駒澤大学図書館(現・禅文化歴史博物館、菅原栄蔵)
29	日比谷公会堂・市政会館(佐藤功一)／三井本館／泰明小学校／三信ビル(横河工務所)†	4年	世界恐慌／国宝保存法制定(-1950)	日本基督教団本郷中央教会(ヴォーゲルほか)／目白聖公会聖シプリアン聖堂(坪井正太郎)、忍旅館(現・上田邸)／学生下宿日本館／村林ビル(大林組)
1930	日本橋野村ビル(現・野村證券日本橋本社ビル、安井武雄)／震災記念堂(現・東京都慰霊堂、伊東忠太)／トゥーゲンハット邸(ミース)	5年	昭和恐慌	陸軍東京第一造兵廠(現・中央公園文化センター)／ヨネイビルディング(森山松之助)／李王家東京邸(現・赤坂プリンスクラシックハウス、宮内省内匠寮)
31	東京中央郵便局(吉田鉄郎)†／森五商店東京支店(現・近三ビルヂング、村野藤吾)／サヴォア邸(コルビュジエ)／クライスラー・ビル(アレン)	6年	満州事変／アテネ憲章	大洋商会丸石ビル(山下寿郎)／黒沢ビル(石原睴一)
32	服部時計店(現・和光、渡辺仁)／東京工業大学水力実験室(谷口吉郎)†／大倉精神文化研究所(長野宇平治)／木村産業研究所(前川國男)	7年	五・一五事件	堀商店(公保敏雄ほか)／銀座アパート(現・奥野ビル、川元良一、-1934)
33	明治屋京橋ビル(曾禰中條建築事務所)／清洲寮(大林組)／大阪ガスビルディング(安井武雄)／神戸女学院大学(ヴォーリズ)	8年	ヒトラー政権成立／日本が国際連盟脱退／ブルーノ・タウト来日(-1936)	朝香宮邸(現・東京都庭園美術館、ラパンほか)／日本橋高島屋(片岡安ほか)／高輪消防署二本榎出張所／桃乳舎／トイスラー記念館(バーガミニ)／日本基督教団麻布南部坂教会(ヴォーリズ)
34	築地本願寺(伊東忠太)／四谷第五小学校(現・吉本興行東京本部)／琵琶湖ホテル(現・びわ湖大津館、岡田信一郎)	9年		明治生命本社ビル(現・明治生命館、岡田信一郎)／さかえビル
35	東京中央卸売築地市場／土浦亀城自邸(土浦亀城)／東京大学工学部1号館(内田祥三)	10年		山二片岡商店(現・山二証券、西村好時)／和朗フラット(上田文三郎、-1937)
36	帝国議会議事堂(現・国会議事堂)／吉屋信子邸(吉田五十八)†／日向別邸(タウト)	11年	二・二六事件	聖路加国際病院聖ルカ礼拝堂(バーガミニ)／山二証券株式会社(西村好時)
37	慶應義塾幼稚舎(谷口吉郎+曾禰中條建築事務所)／佐藤新興生活館(現・山の上ホテル、ヴォーリズ)／宇部市民館(現・宇部市渡辺翁記念会館、村野藤吾)／パリ万博日本館(坂倉準三)†	12年	日中戦争開始(-1945)	東京帝室博物館本館(現・東京国立博物館本館、渡辺仁ほか)／東京神学校(東京ルーテルセンタービル、長谷部鋭吉)
38	第一生命館(現・DNタワー21、渡辺仁+松本与作)／原邦造邸(現・原美術館、渡辺仁)／東京逓信病院(山田守)†／愛知県庁舎	13年		
39	小石川植物園本館(内田祥三)／松島パークホテル(吉田五十八)†／大阪中央郵便局(吉田鉄郎)†／滋賀県庁舎(佐藤功一)／落水荘(ライト)	14年	第二次世界大戦勃発(-1945)	
1940	岸記念体育会館(前川國男)†／ロックフェラー・センター(フッドほか)	15年	日独伊三国軍事同盟成立	
41	林芙美子邸(現・林芙美子記念館、山口文象)	16年	太平洋戦争(-1945)／住宅営団設立(-1946)	
42	前川國男自邸(前川國男)	17年	ミッドウェー海戦	
43		18年		

44		19年	日本本土空襲(-1945)	
45	岩国徴古館(佐藤武夫)	20年	ドイツ降伏／広島・長崎に原爆投下／終戦	
46		21年	日本国憲法公布／国際連合発足	
47	紀伊國屋書店(前川國男)†／ジオデシック・ドーム(フラー)	22年		
48		23年	建設省発足	
49	慶應義塾大学4号館(谷口吉郎)†／大阪スタヂアム(坂倉準三)†／イームズ邸(イームズ)	24年	ドイツ分裂／中華人民共和国成立／建設業法公布	
1950	目白が丘教会(遠藤新)／立体最小限住居(池辺陽)†／八勝館御幸の間(堀口捨己)	25年	朝鮮戦争(-1953)／建築基準法公布／住宅金融公庫法公布／文化財保護法制定	
51	リーダーズダイジェスト東京支社(レーモンド)†／神奈川県立近代美術館本館(坂倉準三)／志摩観光ホテル(村野藤吾、-1983)／レイクショア・ドライブ・アパートメント(ミース)／ファンズワース邸(ミース)	26年	サンフランシスコ講和条約・日米安保条約調印	東京日仏学院(坂倉準三)
52	日本相互銀行本店(前川國男)†／日本橋高島屋増築(村野藤吾、-1965)／日活国際会館(竹中工務店)†／マルセイユのユニテ・ダビタシオン(コルビュジエ)／レヴァー・ハウス(SOM)／国際連合本部ビル(ハリソンほか)	27年		
53	法政大学53年館(大江宏)†	28年		
54	丹下健三自邸(丹下健三)†／私の家(清家清)／神奈川県立図書館・音楽堂(前川國男)／世界平和記念聖堂(村野藤吾)	29年	高度経済成長(-1973)／ヴァルター・グロピウス来日	
55	吉阪隆正自邸(吉阪隆正)†／ロンシャンの礼拝堂(コルビュジエ)／チャンディーガルのキャピトル・コンプレックス(コルビュジエ、-1962)	30年	日本住宅公団設立／ル・コルビュジエ来日	国際文化会館(坂倉準三ほか)
56	東急文化会館(坂倉準三)†／秩父セメント第二工場(谷口吉郎+日建設計工務、-1958)／福島県教育会館(MIDO同人)／ヴェネツィア・ビエンナーレ日本館(吉阪隆正)／ブラジリア都市計画(ニーマイヤー、-1960)	31年	国際連合に日本が加盟／チームX(テン)結成(-1966)	カトリック目黒教会(レーモンド)
57	東京都庁舎(丹下健三)†／読売会館(現・ビックカメラ有楽町店、村野藤吾)／ヴィラ・クゥクゥ(吉阪隆正)	32年		東京都立日比谷図書館(現・千代田区立日比谷図書文化館、東京都建築局)／霞ヶ関電話局(現・NTT霞ヶ関ビル、日本電信電話公社)
58	東京タワー(日建設計工務+内藤多仲)／スカイハウス(菊竹清訓)／香川県庁舎(現・香川県庁舎東館、丹下健三)／シーグラム・ビル(ミース)	33年		
59	世田谷区民会館・区役所(前川國男、-1960)／大多喜町役場(今井兼次)／羽島市庁舎(坂倉準三)／グッゲンハイム美術館(ライト)	34年	キューバ危機／安保闘争(-1960)／1964年の東京オリンピック開催が決定	国立西洋美術館(ル・コルビュジエ)／千鳥ヶ淵戦没者墓苑(谷口吉郎)
1960	五島美術館(吉田五十八)／大和文華館(吉田五十八)／名古屋大学豊田講堂(槇文彦)／ラ・トゥーレットの修道院(コルビュジエ)	35年	日米新安保条約調印／国民所得倍増計画／ヴェトナム戦争(-1975)／世界デザイン会議／メタボリズム・グループ結成	
61	東京計画1960(丹下健三)／群馬音楽センター(レーモンド)／塩野義製薬研究所(坂倉準三)†	36年	軒高31m制限を撤廃し容積率規制を導入／アーキグラム結成	東京文化会館(前川國男)／日比谷電電ビル(現・NTT日比谷ビル、日本電信電話公社)

年	建築	昭和	出来事	建築
62	ホテルオークラ本館(谷口吉郎ほか)†／軽井沢の山荘(吉村順三)／山口銀行本店(圓堂政嘉)／大分県庁舎(建設省九州地方建築局)／ジョン・F・ケネディ国際空港TWAターミナル(サーリネン)	37年	キューバ危機	アテネ・フランセ(吉阪隆正)
63	三愛ドリームセンター(日建設計工務)／レスター大学工学部(スターリング)	38年	第1次マンションブーム(-1964)	新東京ビル(三菱地所)／日本生命日比谷ビル・日生劇場(村野藤吾)
64	国立代々木競技場第一・第二体育館(丹下健三)／日本武道館(山田守)／武蔵野美術大学鷹の台キャンパス(芦原義信)／東光園(菊竹清訓)	39年	東京オリンピック開催／東海道新幹線開通	秀和青山レジデンス(芦原義信)／ビラ・ビアンカ(堀田英二)／カトリック東京カテドラル関口教会(丹下健三)／紀伊國屋ビルディング(前川國男)／駒沢オリンピック公園体育館・管制塔(芦原義信)／駒沢陸上競技場(村田政眞)
65	コープオリンピア(清水建設)／香川県文化会館(大江宏)	40年	1970年の大阪万博開催が決定／イコモス設立	大学セミナーハウス(現・八王子セミナーハウス、吉阪隆正)
66	国立劇場(竹中工務店)／中野ブロードウェイ／国立京都国際会館(大谷幸夫)／大分県立大分図書館(現・大分市アートプラザ、磯崎新)	41年	中国で文化大革命(-1976)／ビートルズ来日	国際ビル・帝国劇場(谷口吉郎ほか)／パレスサイドビルディング(日建設計工務)／新橋駅前ビル1・2号館(佐藤武夫)／有楽町ビル(三菱地所)／千代田生命本社ビル(現・目黒区総合庁舎、村野藤吾)／新宿西口広場(坂倉準三)／日本基督教団東京山手教会(RIA+毛利武信)
67	塔の家(東孝光)／猪俣邸(吉田五十八)／秀和外苑レジデンス／アビタ67団地(サフディ)	42年		静岡新聞・静岡放送東京支社ビル(丹下健三)／新有楽町ビル(三菱地所)／ゆかり文化幼稚園(丹下健三)
68	霞が関ビル(三井不動産+山下設計)／東京国立博物館東洋館(谷口吉郎)／普連土学園(大江宏)／成田山新勝寺大本堂(吉田五十八)	43年	大学紛争激化(-1969)／文化財保護委員会と文部省文化局を統合して文化庁設置／第2次マンションブーム(-1969)	乃木會館(大江宏)／安与ビル(明石信道)／国立国会図書館(MID同人ほか)
69	一番館(竹山実)／青山タワービル(吉村順三)／岸信介邸(現・東山旧岸邸、吉田五十八)	44年	東大安田講堂で学生と機動隊衝突	代官山ヒルサイドテラス(第1期、槇文彦)／珈琲ロン(池田勝也)／満願寺(吉田五十八)
1970	第3スカイビル(現・GUNKAN東新宿ビル、渡邊洋治)／桜台コートビレジ(内井昭蔵)／佐賀県立博物館(高橋靗一+内田祥哉)	45年	日本万国博覧会(大阪万博)開催／軒高31m制限を全廃し容積率規制に移行	
71	外務省飯倉公館・外交史料館(吉田五十八)／ポーラ五反田ビル(日建設計)／北海道開拓記念館(現・北海道博物館、佐藤武夫)	46年		ニュー新橋ビル(松田平田坂本設計事務所)／ビラ・セレーナ(坂倉建築研究所)
72	ビラ・フレスカ(坂倉建築研究所)／ビラ・グロリア(大谷研究室)／反住器(毛綱毅曠)	47年	沖縄返還／日本列島改造論／あさま山荘事件／第3次マンションブーム(-1973)	ヤクルト本社ビル(圓堂政嘉)／中銀カプセルタワービル(黒川紀章)、東京讃岐会館(現・東京さぬき倶楽部、大江宏)／宮崎県東京ビル(坂倉建築研究所)／三越シルバーハウス(現・駒澤大学深沢キャンパス洋館、吉田五十八)
73	所沢聖地霊園礼拝堂・納骨堂(池原義郎)／シドニー・オペラハウス(ウッツォン+アラップ)／ワールドトレードセンター(ヤマサキ)†	48年	第一次オイルショック	代官山ヒルサイドテラス(第2期、槇文彦)／カーサ相生(中野組設計部)
74	最高裁判所(岡田新一)／東京海上ビルディング(現・東京海上日動ビルディング、前川國男)／新宿三井ビルディング(三井不動産+日本設計)／原邸(原広司)	49年	国土庁設置	ビラ・モデルナ(坂倉建築研究所)／新宿住友ビル(日建設計)
75	東京都美術館(前川國男)／福岡銀行本店(黒川紀章)	50年	ベトナム戦争終結	フロムファーストビル(山下和正)
76	中野本町の家(伊東豊雄)†／駐日アメリカ合衆国大使館(ペリ)／住吉の長屋(安藤忠雄)	51年	ロッキード事件	麹町ダイビル(村野藤吾)

倉方俊輔

もちろん、いくつかの建築がなくなっているのは悲しい。それでも下村しのぶさんに情感あふれる写真で記録していただけたことは、せめてもの慰みです。

失われたものの中でも、有楽町ビルヂング、新有楽町ビルヂング、NTT霞ヶ関ビル、NTT日比谷ビル、帝国劇場、秀和青山レジデンス、宮崎県東京ビルは、多くの人びとが見たり、使ったりしながらも、従来の書籍では、ほとんど紹介されていなかった対象でした。

モダニズム建築ではなく、モダン建築という言葉を用いることで、設計した人が有名であるかどうかに左右されない、それぞれの建築の良さを、腑に落ちるようにして広めたい。旧版をまとめた際の、そんな意気込みが思い出されます。

悲しむだけでもなく、大きな話に結びつけず、現状に疑問は持ちながら、小さな行動から始める希望も抱ける、失われた建築の美しさも本書から楽しんでいただけたらと願います。

明るい話題もあります。旧版の『東京モダン建築さんぽ』が、私たちの想像以上に世に広まりました。

第二次世界大戦以前の建築を解説した『東京レトロ建築さんぽ』が好評をもって迎えられ、続く時代も考えることになったのですが、戦前と戦後とではテイストがかなり異なります。戦前については幅広い読者に受け入れられるあり方が想定できたとしても、戦後に関しては当初、まったくイメージが湧きませんでした。

それがこうして一つの形となり、自分としても戦後建築に対して新しい概念を持つことができました。それは本書が写真家やデザイナー、編集者やライターとの共同作業だから。その他は私一人でできたことではありません。ですから、皆さんが読者になってくれたのでしょう。

増補改訂版では、さまざまなデータや内容を、以前のものから2024年の最新版に改めています。

新宿住友ビルは、超高層ビルもすでに歴史的なものという考えから新規取材しました。21世紀のリノベーションが三角ビルの意味を増幅させています。

紀伊國屋ビルディングは旧版の後、オリジナルを尊重した耐震補強工事が完了し、数々の賞を得ています。

大学セミナーハウスは、私の最初の著書『吉阪隆正とル・コルビュジエ』（王国社、2005）で分析したような吉阪隆正らしさに、近年さらに評価が高まって、新規取材しました。

本書がより幅広く届き、モダン建築が連続する未来になることを信じています。

改訂版によせて

おわりに

下村しのぶ

建築というものに全く素人の私が撮影する。その時にみえる世界は何だろうか。前作『東京レトロ建築さんぽ』でのお題でした。なんとか自分なりのものが撮影ができたと胸を撫で下ろし書籍になったのも束の間、続いての『東京モダン建築さんぽ』。モダン建築って何？どう向き合う？と頭を抱えての撮影スタートです。

今から勉強しようにも付け焼き刃にしかならない。「行けばわかる」「受け止められるものを受け止めて写真に落とし込む」。それしかできません。ひとまず尊敬と信頼をする倉方先生の船に乗ってみよう。建築という旅に出てみよう。行き先はきっと確かな所だから。

モダン建築一つ一つが国の様で、建築家は建国をする王様ではないか。撮影を進めていくうちに私はそう思いはじめました。この本での撮影は王様達の声をひたすら聞いてみよう。そう思ったあたりから俄然おもしろくなってきました。

各国の王様の思考を読む、この国を作るにあたりどんなやりとりをしたのだろうか、夢や未来を語ったのだろうか、王様は国民（使用者）達に何を伝え、どう使って欲しかったのか。考えるだけでもワクワクを通り過ぎてトリップをしていく感覚になります。建国会議の風景なんてどんなだろうか。王様が閃いた瞬間って？途中、いったいどんなやりとりをしたんだろうか。

ここからは少しだけ私の妄想です。ある国のカップが大好きな王様は、壁面を全てカップで埋め尽くせ！と声高らかに言った様な気がします。目眩く色彩と曲線で貝の内部にいるような摩訶不思議な国もありました。国土そのものが木の形を表現するというおもしろい国も。個性的な王様達の発想をどう実現するのか、国民達の困り顔や完成後の喜びの声が想像できます。

宇宙なのか、ミクロとマクロなのか、哲学なのか物理学なのか宗教なのか。１冊撮り終わる頃には倉方先生が連れて行ってくれた船旅は、私の想像をはるかに超えたミラクルすぎる旅だったのだとわかりました。

この撮影では圧倒的なものをたくさん見せてもらいました。思想や思考を形にする。それも巨大な形に。この本には収まりきれない私の知らない建築（国）がまだまだ存在するんだ。世界は広い。そして人が想像し作り出すものは素晴らしい。撮る事、感じることができてよかった。モダン建築にどっぷり浸かれた幸せ。

みなさまも是非この本を片手に建築の旅にお出かけください。そして、王様達の夢の世界へ心ときめく時間をお過ごしください。

倉方俊輔

Shunsuke Kurakata

東京都生まれ。大阪公立大学教授。建築史の研究や批評に加え、「東京建築祭」実行委員長、「イケフェス大阪」「京都モダン建築祭」実行委員を務めるなど、建築と社会を近づけるべく活動中。『東京レトロ建築さんぽ』『東京建築ガイドマップ』(以上、共著・小社刊)、『東京建築 みる・あるく・かたる』(共著・京阪神エルマガジン社)など著書多数。

下村しのぶ

Shinobu Shimomura

北海道生まれ。写真家。ポートレート、雑貨や料理、そしてビルまで、雑誌、書籍、広告等で幅広く活躍中。写真展も定期的に開催。著書に『東京レトロ建築さんぽ』(共著・小社刊)、『おばあちゃん猫との静かな日々』(宝島社)がある。好きなモダン建築はパレスサイドビルディングと東京日仏学院。

東京モダン建築さんぽ
増補改訂版

2024年5月21日　初版第1刷発行

著　者　倉方俊輔

発行者　三輪浩之

発行所　株式会社エクスナレッジ
〒106-0032　東京都港区六本木7-2-26
https://www.xknowledge.co.jp

問い合わせ先　編集
Tel : 03-3403-6796
Fax : 03-3403-0582
info@xknowledge.co.jp

販売
Tel : 03-3403-1321
Fax : 03-3403-1829